W0228856

CLAUS MIKOSCH wurde Mitte der Siebzigerjahre in Mönchengladbach geboren. Nach dem Abitur reiste er eine Weile um die Welt, studierte Homöopathie in England und arbeitete anschließend viele Jahre als DJ und Fotograf. Heute pendelt er als Schriftsteller und Filmemacher zwischen Deutschland und Spanien.

Besuchen Sie uns auf www.penguin-verlag.de und Facebook.

Claus Mikosch

Der kleine Garten am Meer

Eine Erzählung darüber,
was im Leben wirklich zählt

 PENGUIN VERLAG

Die deutsche Originalausgabe erschien 2018 unter dem Titel
Señor Gonzales und der Garten des Lebens
im Gütersloher Verlagshaus, Gütersloh.

Sollte diese Publikation Links auf Webseiten Dritter enthalten,
so übernehmen wir für deren Inhalte keine Haftung, da wir uns diese
nicht zu eigen machen, sondern lediglich auf deren Stand zum Zeitpunkt
der Erstveröffentlichung verweisen.

Verlagsgruppe Random House FSC® N001967

3. Auflage 2019
Copyright © der deutschsprachigen Ausgabe 2018 by
Gütersloher Verlagshaus, Gütersloh,
in der Verlagsgruppe Random House GmbH,
Neumarkter Straße 28, 81673 München
Umschlag: Favoritbüro
Umschlagmotiv: Tending the Garden, Rodko, Konstantin (1908–95) /
Private Collection / Bridgeman Images
Druck und Bindung: GGP Media GmbH, Pößneck
Printed in Germany
ISBN 978-3-328-10437-7
www.penguin-verlag.de

 Dieses Buch ist auch als E-Book erhältlich.

Für meine Mutter. Und für unsere Mutter.

Inhalt

Das Alte endet

W ir brauchen Sie nicht mehr.«
Die Worte hallten durch seinen Kopf, immer und immer wieder. Für einen Moment überlegte Niklas, ob es vielleicht ein Witz gewesen war. Aber nein, sein Chef hatte noch nie Witze gemacht. Statt zu lachen sollte er also vielleicht besser aufspringen und diesem aufgeblasenen Zwerg sagen, was er wirklich über ihn dachte. Die Versuchung war da, aber wozu das ganze Theater? In einem Film mag es ja unterhaltsam sein, wenn jemand ausflippt und in einem spontanen Rachefeldzug seinen Chef wild beschimpft, aber das hier war kein Film. Das hier war die nüchterne Realität.

Acht Jahre lang hatte Niklas an einem großen Schreibtisch in einer Bankfiliale gesessen und Kunden beraten. Die meisten waren zu ihm gekommen, weil sie ihr Geld für sich arbeiten lassen wollten. Dabei war diese Idee völlig absurd, denn Geld kann überhaupt nicht arbeiten. Entweder man schuftet selbst, oder man lässt andere für sich schuften. Und wenn man andere die Arbeit machen lässt, kann dies entweder auf faire Art und Weise passieren, oder es wird geherrscht und ausgebeutet. In der Welt, die Niklas in den letzten Jahren kennengelernt hatte, gab es dafür eine einfache Verteilungsformel: Je größer die Gier, desto größer die Ausbeutung. Der eigene Profit war schließlich wichtiger als das Wohl eines Fremden, vor allem eines Fremden in einem fernen Land.

Doch Ausbeutung und Fairness hin oder her – wenn Geld fließt, sind es immer Menschen, die die Arbeit ausführen. Jedenfalls war Niklas bisher davon ausgegangen, dass es so ist.

»Wie meinen Sie das, Sie brauchen mich nicht mehr?«

»So, wie ich es gesagt habe«, gab der Filialleiter ungerührt von sich. »Sie sehen doch selbst, was los ist, oder?«

Niklas ließ seine Augen von dem starren Gesicht seines Vorgesetzten zum Fenster wandern. Es war ein grauer Frühlingsmorgen, kalt und nass und abweisend.

»Die meisten Menschen erledigen ihre Bankgeschäfte heutzutage im Internet. Es macht also keinen Sinn, weiterhin so viele Filialen zu unterhalten.«

»Aber die Leute wollen doch nach wie vor beraten werden«, wandte Niklas ein.

»Natürlich wollen sie das, aber sie können sich auch online beraten lassen.«

»Das sind doch meistens irgendwelche unpersönlichen Programme mit wirren Algorithmen«, wehrte er sich, aber sein Chef zuckte nur mit den Schultern.

»Die arbeiten gut, diese Programme.«

Ihre Blicke trafen sich. Wut und Enttäuschung auf der einen, Leere und Ablehnung auf der anderen Seite.

»Ich kann nichts daran ändern«, sagte der Filialleiter und reichte Niklas die Entlassungspapiere. »Sie können selbst wählen: Entweder Sie gehen sofort und bekommen eine angemessene Abfindung, oder Sie bleiben noch fünf Monate bis zum Ende Ihres Vertrages und verzichten auf weitere Ansprüche.«

Dann drehte er sich zur Seite und nahm eine weitere Akte von dem Stapel, der sich neben ihm auftürmte. Die nächste Kündigung.

»Das war alles?« Stummes Nicken.

Zehn Minuten später war Niklas auf dem Heimweg. Anstatt wie sonst die Straßenbahn zu nehmen, hatte er sich entschieden, zu Fuß zu gehen. Der penetrante Nieselregen durchnässte seinen dunkelblauen Anzug und die persönlichen Unterlagen, die er unter seinem Arm trug. Beides war ihm egal.

Noch vor wenigen Stunden war er wie jeden Morgen bei der Arbeit erschienen, hatte die nette Frau an Schalter vier begrüßt und sich pflichtbewusst dem Alltag gestellt. Nun war das plötzlich alles vorbei. Niklas war zweiunddreißig Jahre alt und hatte sich für den schnellen Tod und die Abfindung entschieden. Was hätte er noch monatelang ausharren sollen, in einem Job, den er schon längst verloren hatte? Nein, dann lieber direkt klare Verhältnisse schaffen, auch wenn eigentlich alles ganz anders geplant gewesen war.

Bis jetzt hatte Niklas gedacht, er hätte im Leben alles richtig gemacht, um eine sichere und erfüllte Zukunft zu haben. Immer hatte er die gut gemeinten Ratschläge seiner Eltern und der Gesellschaft befolgt: Er war ein guter Schüler gewesen, hatte sich ohne Umwege direkt zur Uni begeben, das Studium in Regelzeit abgeschlossen und anschließend den Job bei der Bank angetreten. Er besaß einen Bausparvertrag und hatte sich trotz seiner jungen Jahre bereits um eine private Rentenvorsorge gekümmert. Sein Leben war immer geradeaus verlaufen, ohne Ecken, Kanten und Kurven. Er war der vorbildliche brave Bürger, der nie aufmuckte und alles so machte, wie es sich gehörte. Wirklich glücklich gemacht hatte ihn allerdings nichts von diesen Dingen. Immerhin hatte sein Job ihm ein bequemes Leben ermöglicht, doch dieser Job war nun weg.

Die Kündigung war überraschend gekommen, auch wenn es vorher viele Anzeichen gegeben hatte. So hatte er schon seit geraumer Zeit beobachten können, wie die Kundenzahlen in der Bank in der Tat stetig zurückgegangen waren. Außerdem hatte er in verschiedenen Fernsehtalkshows gehört, wie Philosophen und vorausdenkende Wissenschaftler davor warnten, dass durch die zunehmende Automatisierung und Digitalisierung immer mehr Arbeitsplätze wegfallen würden. Es war eine Entwicklung, die nicht aufgehalten werden konnte, und sie war weder gut noch schlecht – leistungsstarke Computer, das allwissende Internet und geschickte Roboter waren schlicht und einfach Teil des konstanten Wandels, an den man sich anpassen musste. Doch im Nachhinein die Zeichen zu interpretieren, ist natürlich viel einfacher, als sie im Moment ihres Auftauchens klar zu sehen, ernst zu nehmen und entsprechend zu handeln.

Der Regen wurde stärker. Niklas dachte nicht daran, sich irgendwo unterzustellen, und ging stattdessen wie in Trance weiter den leeren Bürgersteig entlang. Er erinnerte sich an ein Gespräch mit einem Freund, einige Monate zuvor. Sie hatten genau über diese Probleme gesprochen, über die möglichen Konsequenzen von immer mehr Technologie und klugen Maschinen, die eines Tages den Menschen weitestgehend überflüssig machen würden. Ihnen war bewusst, dass sie in dieser Veränderung schon mitten drin steckten. Trotzdem schien sie noch sehr weit weg zu sein, als würde es noch lange dauern, bis diese ferne Zukunft ihre eigene Gegenwart betreffen würde. Außerdem hatte Niklas sich überhaupt nicht vorstellen können, dass es irgendwann ihn selbst treffen könnte. Die anderen würden ihre Arbeit verlieren und leiden, die anderen würden sich an die neue Welt anpassen müssen. Er selbst hatte doch alles richtig gemacht, was sollte also schief gehen?

An einem kalten Morgen Ende März war er nun eines Besseren belehrt worden. »Viel Glück bei Ihrer weiteren Karriere«, hatte er den Filialleiter beim Rausgehen noch sagen hören. Karriere. Glück.

Der Weg hatte sich inzwischen in ein Meer von Pfützen verwandelt. Niklas passierte einige Schaufenster, eine Bäckerei, dann eine Bushaltestelle. Sein Blick folgte einer jungen Frau, die unter einem roten Regenschirm mit schnellen Schritten die Straße überquerte. Er wollte gerade wieder die Augen nach vorne richten, als er auf der anderen Straßenseite das Logo seiner Bank sah. Abrupt blieb er stehen und betrachtete die Filiale, die kaum von seiner zu unterscheiden war. Niklas stieß einen langen Seufzer aus. Noch vor einer knappen Stunde hatte er ebenfalls einen Platz im Trockenen gehabt. Jetzt stand er draußen im strömenden Regen. Allein.

Er ging weiter und wusste nicht, ob er lachen oder weinen sollte. Weinen, weil er gerade zum ersten Mal in seinem Leben aus dem fahrenden Karrierezug geschmissen worden war, oder lachen, weil er endlich diesen schwachsinnigen Job los war. Denn was hatte er schon Tolles gemacht? Sicher, er half anderen Menschen, ihr Geld zu vermehren und genoss auch selbst ein gutes Einkommen, aber er hatte in keinem Moment das Gefühl, irgendetwas wirklich Sinnvolles zur Welt beizutragen. Er wusste, wo seine Bank das Geld investierte, um möglichst große Gewinne zu erzielen, und so viel stand fest: Es waren keine Investitionen in nachhaltige oder soziale Projekte. Meistens ging es um

Waffen, Medikamente und andere dubiose Geschäftspraktiken. Wenn man durch seine tägliche Arbeit indirekt an diesem dunklen Spiel beteiligt war, wie sollte man da Freude an seinem Job entwickeln? Außerdem war es einfach dumm, sich wie Niklas tagtäglich von einem machtbesessenen Chef tyrannisieren zu lassen. Soweit also die positiven Seiten der Kündigung.

Eigentlich Gründe genug, sich nicht aufzuregen, sondern die plötzliche Schicksalswendung als Chance anzusehen. Das Problem war allerdings, dass Niklas weder in der Schule noch in der Universität gelernt hatte, was genau zu tun ist, wenn man aus dem fahrenden Zug geschmissen wurde. Scheitern war bisher nie Teil seines offiziellen Lehrplans gewesen.

Zum Glück gibt es aber noch einen anderen Lehrer, der genau das unterrichtet, was in Klassenzimmern und Hörsälen keinen Platz findet. Es ist das Leben höchstpersönlich! Immer wieder lässt es seine Schüler stürzen, damit sie lernen, aufzustehen.

Niklas erreichte sein Wohnviertel. Verglichen mit dem Rest der Großstadt war es eine ruhige Gegend mit wenig Verkehr. An der letzten Kreuzung vor seiner Wohnung wechselte er die Straßenseite und blieb plötzlich mitten auf der Kreuzung stehen. Es schüttete unaufhörlich und dicke Tropfen fielen von seinen blonden Locken. Für einen Moment schloss er die Augen und atmete tief durch. Nein, nach dem Sturz liegenzubleiben war für ihn keine Option. Natürlich würde er wieder aufstehen! Die Frage war nur, welche Richtung er jetzt einschlagen sollte.

Er öffnete die Augen und begann, sich langsam um die eigene Achse zu drehen. Wenn er seinem bisherigen

Weg folgen würde, würde er sich direkt einen neuen Job suchen, wahrscheinlich wieder bei einer Bank. Er würde sein Gewissen und die Zeichen einer sich wandelnden Arbeitswelt ignorieren, aber zumindest hätte er wieder einen guten Posten. Seine Karriere wäre wieder in der Spur, sein Sicherheitsbedürfnis befriedigt und lästige Fragen seiner Eltern würden gar nicht erst aufkommen. Doch was wäre, wenn er eine andere Richtung wählen würde? Statt nach Hause und in die Gewohnheit zurückzukehren, könnte er auch etwas anderes ausprobieren. Er könnte die hektische Stadt verlassen, eine Weile Abstand gewinnen und irgendwo die grauen Wolken gegen blauen Himmel eintauschen. Dank der Abfindung hatte er ein kleines finanzielles Polster, dennoch machte ihm der Gedanke an diesen Schritt Angst. Neben der Angst hörte er aber noch eine andere Stimme, die tief aus seinem Inneren sprach und ihm leise Mut zuflüsterte: Vielleicht war die Kündigung das Beste, was ihm hatte passieren können …

Der Regen prasselte weiter auf ihn nieder. Nach einer Weile hörte Niklas auf, sich im Kreis zu drehen und schaute nach unten, direkt in die große Pfütze, in der er stand. Sein verschwommenes Spiegelbild starrte zurück, als wollte es ihm sagen, ›ich kann dir auch nicht helfen‹. In diesem Moment wurde ihm klar, dass er sich an einer dieser berühmt-berüchtigten Weggabelungen befand, an denen alle Menschen im Laufe des Lebens ab und zu vorbeikommen und wo man sich ganz alleine entscheiden muss: links oder rechts entlang? Angst oder Mut? Sicherheit oder Abenteuer?

Das Alte oder das Neue?

Ankunft in Andalusien

Eine Woche später stieg Niklas bei Sonnenschein und angenehmen zwanzig Grad in Málaga aus dem Flugzeug. Oben auf der Treppe hielt er einen Moment inne und atmete tief ein. Es lag ein herrlicher Geruch in der Luft, eine Mischung aus Meer, Zitronen und Gelassenheit. Auch ein Blinder hätte in diesem Moment gewusst, dass er im Süden angekommen ist.

Während er zum Terminal ging, fiel sein Blick auf einen großen Schriftzug, hoch oben auf dem Dach: *Aeropuerto Pablo Ruiz Picasso.* Er dachte an die Namen einiger anderer Flughäfen, auf denen er im Laufe der Jahre gelandet war. In Frankreich gibt es den *Aéroport Lyon Saint Exupéry* und in Österreich den *Salzburg Airport W.A. Mozart.* Große Komponisten, Schriftsteller und Maler – und in Deutschland? Ein paar Politiker, sonst nichts. Irgendwie passte es perfekt zu seiner Gefühlslage: In Köln war er von Konrad Adenauer verabschiedet worden und in Málaga begrüßte ihn nun Pablo Picasso.

Der erste Schritt war getan, und er fühlte sich gut an. Niklas holte sein Gepäck, durchquerte die Ankunftshalle und kaufte sich ein Busticket nach Estepona, einem kleinen Küstenort auf halber Strecke zwischen Málaga und Gibraltar. Die Frau am Schalter druckte das Ticket aus und reichte ihm in aller Ruhe sein Wechselgeld, Münze für Münze unter einer Trennscheibe hindurch. Dann guckte sie ihn mit großen Augen an und sagte mit schroffer, fast schon vorwurfsvoller Stimme: »Schnell, der Bus fährt gleich ab!« Leicht irritiert stopfte er Geld und Ticket in die Hosentasche und rannte mit seinem großen Koffer über den Vorplatz. Als er am Bus ankam, ging genau vor seiner Nase die Tür zu. Er seufzte und ließ die Schultern sacken. Dann öffnete sich die Tür aber plötzlich wieder und ein dicker Spanier mit rundem Kopf und öligen Haaren nickte ihn freundlich herein.

Er verstaute seinen Koffer und setzte sich auf einen hinteren Fensterplatz. Der Bus fuhr los, Niklas machte es sich auf dem durchgesessenen Sitz bequem, schaute nach draußen und begann, die letzten Tage noch einmal Revue passieren zu lassen.

Nach dem anfänglichen Schock der Kündigung war er schnell in der neuen Realität aufgewacht. Zu Beginn war es ihm schwer gefallen, die Enttäuschung loszulassen. Die Arbeit bei der Bank war zwar alles andere als ein Traumjob gewesen, aber trotzdem ist es nicht sehr aufbauend, wenn man gesagt bekommt, dass man nicht mehr gebraucht wird. Ob er wollte oder nicht, es kratzte an seinem Selbstbewusstsein und hatte ihm einige schlaflose Nächte bereitet. Auch das Mitleid seiner Freunde hatte nicht wirklich geholfen. Doch dann hatte Niklas immer öfter an den nasskalten Moment auf der Kreuzung denken müssen. Er allein und niemand sonst musste entscheiden, wohin sein Weg ging. Für jemanden, der bei Karrierefragen immer dem Rat von anderen gefolgt war, war das eine komplett neue Erfahrung. Links oder rechts? Angst oder Mut?

Letzten Endes hatte er sich weder gegen die Angst noch für den Mut entschieden. Die Sorge, möglicherweise eine falsche Entscheidung getroffen zu haben, war immer noch da, und besonders mutig war Niklas ja auch noch nie gewesen. Nein, seine Entscheidung hatte mit einer tiefen Unzufriedenheit zu tun, die lange in seinem Inneren herangewachsen war. Er war es einfach satt, immer alles so zu machen, wie es sich ›gehörte‹. Und größer als die Angst, einen Schritt ins Unbekannte zu machen, war die Angst, irgendwann verbittert dazusitzen, alt und grau, und tief im Herzen die Reue zu spüren, sein ganzes Leben nur geradeaus gelebt zu haben. Schule, Uni, Arbeit und der Tod – das konnte doch nicht alles sein.

Seine Seele schrie nach Veränderung! Und da der Bankjob nun ohnehin futsch war, es mit der Liebe gerade auch nicht rosig aussah und das graue Wetter damit drohte, ihn in eine schwere Depression zu stürzen, war es der perfekte Moment gewesen, um abzuhauen. Seine Eltern hatten versucht, ihn umzustimmen, und auch seine Freunde hatten nur wenig Verständnis gezeigt. Doch dieses Mal war seine innere Stimme stärker gewesen als die Meinung der anderen. Wenn nicht jetzt, wann dann?

Von der Bank hatte er eine Abfindung von dreieinhalb Monatsgehältern bekommen. Er hatte also genug Geld, um einige Zeit an einem anderen Ort leben zu können. Kurzfristig hatte er mit dem Gedanken gespielt, nach Asien zu reisen, da man dort günstig leben kann. Aber Asien fühlte sich zu weit weg an, zu anders und viel zu voll. Niklas sehnte sich nach Ruhe – etwas Gesellschaft war ihm zwar willkommen, aber 1,3 Milliarden Inder? Nein, danke. Aus diesem Grund zog es ihn auch nicht in eine Großstadt, wo viel zu viele Menschen auf viel zu kleinem Raum durcheinanderwirbelten. Das Leben in einer Metropole war außerdem zu teuer für einen

Arbeitslosen, und er hatte schon sein ganzes bisheriges Leben im Großstadtdschungel verbracht. Selbst als er während des Studiums ein Jahr im Ausland gewesen war, hatte er mit Barcelona eine weitere Millionenstadt gewählt. Weil Barcelona gerade ›in‹ gewesen war. Und weil sein Professor es ihm geraten hatte.

Dank der beiden Auslandssemester sprach er allerdings gut Spanisch und hatte bald über Spanien als mögliches Ziel nachgedacht. Ein Freund an der Uni hatte ihm vor einigen Jahren von einem Ort in Andalusien erzählt, mit 300 Sonnenstunden im Jahr, direkt am Meer gelegen und die Küste von Afrika in Sichtweite. Mit Mango-Plantagen auf den Hügeln und Orangenbäumen neben dem Rathaus. So etwas in der Art, das sollte doch fürs Erste reichen.

Der Bus rollte gemächlich über die Autobahn. Niklas lehnte den Kopf an die Fensterscheibe und schloss die Augen. Er hatte sich entschieden, herauszufinden, wohin man kommt, wenn man eine neue Richtung einschlägt und einfach losgeht. Natürlich war er aufgeregt, was ihn erwarten würde, aber gleichzeitig spürte er auch eine seltsame Ruhe tief in seinem Inneren. Als hätte er mit einem Teil von sich Frieden geschlossen. Als hätte seine Seele aufgehört, so laut zu schreien. Er lächelte. Kurz darauf schlief er ein.

Um vier Uhr nachmittags erreichte das Taxi die Adresse, die Niklas von Pedro bekommen hatte. Über ein Onlineportal hatte er sich ein Zimmer in einer WG gemietet und Pedro war einer seiner neuen Mitbewohner.

Niklas zahlte, sammelte seine Sachen zusammen und schaute dem Taxi hinterher, wie es davonbrauste.

Dann drehte er sich um und spazierte durch einen mit Mosaik verzierten Torbogen auf einen Innenhof. In U-Form gab es ungefähr zwanzig Wohnungen, verteilt auf zwei Etagen. Mitten auf dem Hof stand ein Zitronenbaum und neben dem Eingangstor blühten zwei große Lavendelbüsche. Niklas machte sich auf den Weg zur hintersten Parterrewohnung, so, wie Pedro es ihm beschrieben hatte. Dabei zog er seinen überfüllten Koffer über den rauen Steinboden. Das laute Rattern der Rollen weckte schnell die Aufmerksamkeit einiger Anwohner, oder besser gesagt ihren Unmut. Gardinen wurden zur Seite gerissen und hier und da kamen dunkle und ernste Gesichter zum Vorschein. Daheim hatte er noch überlegt, den großen Rucksack mitzunehmen, aber in den Koffer hatte einfach viel mehr reingepasst. Egal, jetzt war es eh zu spät. Er versuchte, den Schaden zu begrenzen, indem er den Koffer so langsam wie möglich bewegte, aber dadurch wurde die Situation auch nicht besser. Im Gegenteil: Mit jedem zweiten Klack der Rollen wurde eine weitere Gardine zur Seite gezogen, immer mehr grimmige Gesichter erschienen. In der ersten Etage knallte jemand demonstrativ ein Fenster zu. Niklas blieb einen Moment stehen, dann packte er sich den Koffer und trug ihn so schnell er konnte die restlichen Meter ans Ziel. Von irgendwoher ertönte zynischer Applaus.

Noch bevor er klingeln konnte, wurde die Tür geöffnet, von einem Mann um die vierzig, schlank und für spanische Verhältnisse recht groß.

»*Hola*, bist du Pedro?«

»Der bin ich. Und du bist bestimmt Niklas.«

»Genau. Den Nachbarn habe ich mich auch schon vorgestellt.«

Pedro grinste und gab ihm die Hand.

»Erste Lektion: Die Siesta ist in Andalusien heilig!«

Er betrachtete den großen Koffer des Neuankömmlings.

»Du scheinst länger bleiben zu wollen.«

»Hatte ich das nicht gesagt?«

»Ich weiß nicht mehr, was du gesagt hattest. Ist aber auch nicht so wichtig, wir haben auf jeden Fall Platz. Komm erst mal rein.«

Niklas bedankte sich, hievte sein Gepäck in die Wohnung und machte die Tür zu.

»Kaffee?«, fragte Pedro aus der Küche.

»Ja bitte. Schwarz und ohne Zucker.«

Niklas schaute sich um. Das Wohnzimmer war genau so hell und einladend, wie es im Internet ausgesehen hatte. Allerdings hatte auf den Fotos nicht so eine Unordnung geherrscht. Überall lag Zeug herum – Bücher, Kassenzettel, Klamotten, leere Tassen, diverse Kabel, Stifte und Kaugummipackungen. Was Sauberkeit betraf, war Niklas nicht sonderlich pingelig, aber Ordnung war ihm schon wichtig. Na ja, er würde sich schon dran gewöhnen, und es war ja nicht für immer.

»Kommst du aus Estepona?«, wollte er von Pedro wissen, als dieser aus der Küche zurückkehrte.

»Nein, ich bin ursprünglich aus Madrid, lebe aber schon lange hier unten im Süden. In der Wohnung bin ich seit knapp zwei Jahren.«

»Und wer wohnt sonst noch hier?«

»Außer mir momentan nur Khadim, ein Freund aus dem Senegal. Zwei Zimmer sind noch frei – eins kannst du haben und für das andere versuche ich eine Frau zu finden, sonst ersaufen wir hier noch irgendwann im Chaos.«

Immerhin war er sich der Unordnung bewusst, dachte Niklas. Sie setzten sich mit ihrem Kaffee aufs Sofa. Pedro zeigte zum Flur.

»Auf der linken Seite sind die beiden freien Zimmer, du kannst dir aussuchen, welches du haben willst. Das Internet-Passwort hängt an der Pinnwand neben der Tür und die Miete ist immer einen Monat im Voraus zu zahlen. In bar. Ah, und die Waschmaschine steht in der Küche und geht nur auf, wenn du einmal kräftig oben drauf haust.« Er überlegte kurz. »Das war alles. Wenn du sonst noch was wissen willst, einfach fragen.«

Niklas sah ihn erstaunt an. So eine kurze und unkomplizierte Wohnungseinführung hatte er noch nie erlebt.

»Khadim und ich arbeiten tagsüber meistens außer Haus, manchmal, so wie heute, sind wir aber mittags ein paar Stunden hier. Ach und schau, wenn man gerade vom Teufel spricht ...«

Ein schwarzer Schatten schlurfte durch das Zimmer. Niklas schätzte ihn auf Mitte zwanzig. Er trug eine graue Jogginghose und ein dunkelblaues Trägerhemd, und sein Oberkörper war so gut durchtrainiert, dass er auch ein afrikanischer Box-Champion hätte sein können.

»Hi«, sagte Khadim im Vorbeigehen und verschwand im Badezimmer.

»Keine Sorge, der redet grundsätzlich nicht viel«, fügte Pedro hinzu.

In einiger Entfernung bellte ein Hund. Die Siesta war offensichtlich zu Ende.

»Was macht ihr eigentlich beruflich?«, erkundigte sich Niklas.

»Auf die Frage habe ich gewartet. Lektion Nummer zwei: Was du für eine Arbeit machst, interessiert die Andalusier eher wenig. Folglich wird auch nicht viel drüber geredet.«

»Aha.«

»Ich installiere Solaranlagen. Khadim hilft mir. Der arme Kerl hat eine heftige Odyssee hinter sich, was Jobs angeht, aber das kann er dir irgendwann selbst erzählen.«

Pedro schaute auf die Uhr.

»Sorry, wir müssen los.«

Er ging zur Tür, nahm einen Schlüssel von einer Holzablage und warf ihn Niklas zu.

»Hier. Falls du ihn mal vergisst, der Marokkaner in dem Kiosk unten an der Ecke hat einen Ersatzschlüssel.«

»Danke.«

»Kein Problem. Fühl dich wie zu Hause!«

Niklas brachte seinen Koffer in das Zimmer mit dem größeren Bett, sprang unter die Dusche und zog sich frische Sachen an. Dann verließ er ebenfalls die Wohnung und machte sich auf, seine neue Heimat zu erkunden.

Er brauchte knapp fünfzehn Minuten zu Fuß bis ins Zentrum. Einst ein winziges Fischerdorf, hatte sich Estepona in den letzten Jahrzehnten dank des blühenden Tourismus an der Costa del Sol in eine kleine Stadt verwandelt – ohne dabei den Charme eines andalusischen Dorfes zu verlieren. Der Ortskern war durchzogen von schmalen Gassen und an den weißen Häuserwänden hingen überall blaue Tontöpfe mit bunten Blumen. Alte Männer saßen auf Holzbänken und plauderten über Fußball, während ihre Frauen sich von Fenster zu Fenster über den neuesten Klatsch unterhielten. Man bekam das Gefühl, dass sich hier jeder kannte, auch wenn es schon lange kein Dorf mehr war.

Eine Weile schlenderte Niklas umher, dann bekam er Durst und betrat einen kleinen Laden, um sich etwas zu trinken zu kaufen. Der Inhaber stand hinter einem Tresen und unterhielt sich angeregt mit einer Frau und einem anderen Mann. Niklas nahm eine Flasche Wasser aus dem Kühlschrank und stellte sich neben die Frau, um zu bezahlen. Und dann geschah etwas Seltsames: Alle drei nahmen Niklas mit einem Kopfnicken zur Kenntnis, bevor sie ganz normal weiterredeten, als wäre er überhaupt nicht da. Er wartete, erst eine Minute, dann zwei, dann drei. Sie sprachen über spanische Politik, immer wieder fielen die Worte *corrupción* und *sin vergüenza*. Niklas wartete weiter. Nichts. Irgendwann hatte er genug und räusperte sich vorsichtig.

»Entschuldigung, könnte ich vielleicht bezahlen?«

Der Besitzer gab ihm einen flüchtigen Blick und registrierte die Wasserflasche. »Macht eins-fünfzig«, sagte er, während er dem Gespräch der anderen weiter folgte. Niklas reichte ihm das Geld und bekam ein freundliches, aber sehr kurzes Lächeln zur Antwort. Dann verabschiedete er sich und ließ die drei mit ihrer Diskussion alleine.

Bald sollte sich herausstellen, dass dies kein außergewöhnliches Ereignis gewesen war. Es hatte auch nichts mit Ignoranz oder Unhöflichkeit zu tun – die Menschen in Südspanien redeten einfach schrecklich gerne und vergaßen dabei schnell die ganze Welt um sich herum.

Es war kurz nach sechs, als Niklas beschloss, endlich dorthin zu gehen, wovon er schon seit Tagen geträumt hatte: ans Meer! Er bog um zwei Ecken, kreuzte eine größere Straße und erreichte die gut besuchte Küstenpromenade. Zu seiner Freude war der Strand fast leer. Sofort entledigte er sich seiner Schuhe und Socken und spazierte mit großen Schritten Richtung Wasser. Keine zehn Meter vom Ufer entfernt blieb er stehen und staunte nicht schlecht: Sein Freund aus dem Studium hatte recht gehabt, die Berge von Nordafrika waren klar zu erkennen. Vom Strand aus auf einen anderen Kontinent zu blicken – es gab nur sehr wenige Orte auf der Welt, die eine so magische Aussicht boten. Er nahm einen tiefen Atemzug und setzte sich im Schneidersitz in den weichen Sand. Eine sanfte Brise wehte über das Meer, sein T-Shirt flatterte leicht und die Sonne wärmte seine Haut. Nicht zu fassen, dass es erst Anfang April war. Was für ein Glück er hatte!

Während sich der Tag langsam dem Ende neigte, saß Niklas einfach nur da und starrte geradeaus. Tausende kleine Wellen tanzten mit dem Wind und ein paar Vögel flogen friedlich am Horizont vorbei. Da war sie, die ersehnte Ruhe! Für einen langen Moment war seine Welt in Harmonie getaucht, es gab keine Sorgen, keine Spur von Anstrengung, keinen Widerstand.

Er ließ sich nach hinten in den Sand fallen, schaute nach oben und begann mit offenen Augen zu träumen. Wolken, die am Himmel vorbeiziehen, das Meer, ein fließender Fluss oder ein schöner Sonnenuntergang – die einfachsten Bilder in der Natur sind besser und spannender als jeder Film! Und trotzdem verbringen wir mehr Zeit damit, auf Bildschirme zu starren als Sonnenuntergänge anzuschauen. Schon seltsam.

Die erste Woche in Estepona verging wie im Flug. An das Chaos in der WG hatte er sich zwar noch nicht gewöhnt, aber davon abgesehen fühlte er sich schon etwas heimisch und wohl. Er verstand sich hervorragend mit seinen beiden Mitbewohnern, und das war letzten Endes das Wichtigste.

Eines Abends saß er mit Pedro auf der kleinen Terrasse der Wohnung und erzählte ihm, wieso er nach Andalusien gekommen war. Dass er seinen Job verloren hatte und etwas Abstand vom Leben in der Großstadt gewinnen wollte. Und dass er sich nach Sonne gesehnt hatte.

»Und warum bist du wirklich hier?«, hakte Pedro plötzlich nach.

Niklas war von der Frage überrascht, obwohl er sie sich selbst natürlich auch schon gestellt hatte.

»Ich glaube, ich suche nach Inspiration«, sagte er nach einer Weile. »Nach etwas, das ich mitnehmen kann, wenn ich wieder nach Hause fahre. Etwas, das mir hilft, ein neues Leben anzufangen. Eine Idee. Eine neue Denkweise. Ein Vorbild.«

Pedro zögerte einen Moment.

»Ich weiß zwar nicht, was dir genau vorschwebt, aber wenn du Inspiration suchst, dann empfehle ich dir, Señor Gonzalez zu besuchen.«

Es war das erste Mal, dass Niklas diesen Namen hörte. Den Namen des Mannes, der schon sehr bald sein Leben verändern sollte.

Señor Gonzalez

Am nächsten Morgen spazierte Niklas am Strand entlang. Der Sand war grau und grobkörnig, und überall erschwerten große Steine das Vorankommen. Alle paar Meter lagen außerdem Tüten und Verpackungen herum, was den Strand richtig verunstaltete. Niklas fragte sich, ob das ganze Plastik vom Meer angespült worden war, oder ob es darauf wartete, von den Wellen weggetragen zu werden. Wie auch immer die Antwort lautete, der ganze Müll war definitiv am falschen Ort. Wie sollen die Menschen bloß mit größeren Problemen fertig werden, wunderte er sich, wenn sie es noch nicht einmal schaffen, ihren Plastikmüll vernünftig zu entsorgen? Wie konnte jemand auf die Idee kommen, leere Chips-Tüten einfach auf den Boden oder gar ins Meer zu schmeißen? Und wieso wurde überhaupt so viel Plastik produziert und benutzt? Wichtige Fragen, doch eigentlich interessierte ihn all das nicht wirklich, jedenfalls nicht an diesem Morgen. Niklas war auf dem Weg zu Señor Gonzalez.

Viel hatte ihm Pedro nicht erzählt. Nur, dass es sich um einen andalusischen Bauern handelte, der Ende Siebzig war und auf einem kleinen Stück Land am westlichen Ortsrand von Estepona lebte. Und dass dieser Bauer nur bis zur vierten Klasse in die Schule gegangen war und nie die Erdkugel bereist hatte, aber trotzdem mehr Weisheit besaß, als die meisten Gelehrten und Reisenden sich je erträumen konnten.

Niklas hatte vom Landleben keinen blassen Schimmer. Sein ganzes bisheriges Leben hatte er in großen Städten verbracht, selbst in den Ferien. Die gelegentlichen Sommerurlaube in Italien und die zwei Wochen in der Karibik zählten ebenfalls nicht als Landleben. Und außer auf dem Wochenmarkt hatte er auch noch nie einen Bauern getroffen, geschweige denn ein längeres Gespräch mit einem geführt. In der Welt, in der er herangewachsen war, galten Bauern als dumm und das Landleben als langweilig. Vielleicht war er genau deshalb so neugierig, diesem mysteriösen Señor Gonzalez zu begegnen. Denn spätestens seit seiner Kündigung hatte Niklas angefangen, alles, was die Menschen in seiner Welt über das Leben sagten, in Frage zu stellen.

Er erreichte die Holzbrücke, die Pedro ihm beschrieben hatte. Ein kleiner Pfad führte vom Strand flussaufwärts. Wobei es gar kein richtiger Fluss war, zumindest für nordeuropäische Verhältnisse. Zwar war das Flussbett fast dreißig Meter breit, aber nur ein winziger Bach floss in der Mitte, und das auch nur, weil es kürzlich einige Tage geregnet hatte. Spätestens Anfang Sommer würde es hier nur noch trockene Erde geben.

Der Weg war schmal und von hohem Schilf gesäumt. Einen Kilometer am Fluss entlang, hatte Pedro gesagt. Dann an dem Reiterhof links, über die Straße und den kleinen Hügel hinauf. Von dort noch einmal hundert Meter und dann würde er auf der rechten Seite einen großen Feigenbaum sehen. Direkt dahinter lag die Finca von Señor Gonzalez.

Als Niklas die Straße überquerte, merkte er, wie sein Herz begann, schneller zu schlagen. Was war schon groß dabei, dachte er sich, es war doch nur ein Besuch bei einem alten Bauern. Aber etwas sagte ihm, dass es eben kein langweiliger Besuch werden würde. Aus irgendeinem Grund fühlte er, dass es kein Zufall war, dass ihn das Leben an diesen Ort geführt hatte.

Er ließ den Hügel hinter sich und ging an einem langen Zaun entlang. Hühner und Hunde waren zu hören, die Sonne strahlte hoch oben am blauen Himmel. Und dann stand er auf einmal vor dem großen Feigenbaum. Es war das erste Mal, dass er einen Feigenbaum sah, und er erkannte ihn nur, weil er am Morgen noch schnell im Internet recherchiert hatte. Ein relativ kurzer Stamm mit einer großen, plattgedrückten Kugel als Krone, viele dicke weiße Äste und Ahorn-förmige Blätter mit runden Spitzen.

Niklas ging weiter am Zaun entlang und sah ein Feld, ungefähr so groß wie ein halber Fußballplatz. Das Feld war voll mit verschiedensten Pflanzen, von denen er keine identifizieren konnte. Er kam an ein offenes Tor, blieb stehen und schaute sich um. Ein paar Katzen streunten umher und in der hinteren Ecke des Grundstücks stand ein Esel und fraß Heu. Von einem alten weisen Bauern fehlte jede Spur. Dann hörte Niklas plötzlich Schritte hinter sich. Er drehte sich zur Seite und erblickte einen Mann in einer dreckigen blauen Stoffhose und einem zerfetzten T-Shirt. Auf seiner rechten Schulter trug er ein Bündel Schilfrohre und in seiner linken Hand hielt er eine lange Machete.

»*Hola*«, begrüßte ihn der Mann mit einem breiten Lächeln. Die eine Hälfte seiner Zähne fehlte, die andere Hälfe war fast so dunkel wie die braune Erde.

»Sind Sie Señor Gonzalez?«

»Der bin ich«, antwortete er, während er an dem Besucher vorbei ging. Wenige Meter danach ließ er seine Last auf den Boden fallen und drehte sich wieder um.

»Und du, wer bist du? Und warum siezt du mich?«

»Ich heiße Niklas. Wo ich herkomme, siezt man Leute, die man nicht kennt.«

Señor Gonzalez legte die Machete neben die Schilfrohre.

»Ich halte nicht viel von Siezen. Ob wir uns kennen oder nicht, wir sind doch alle gleich, oder?«

Niklas starrte ihn überrascht an. Nie im Leben hätte er so eine Antwort erwartet. Weder von einem alten Bauern noch von sonst irgendwem. Wie viel Wahrheit steckte doch in diesen Worten! Niemand von uns ist wertvoller als ein anderer, und trotzdem verhalten wir uns genau so, haben tief in unseren Köpfen für jeden Menschen einen anderen Wert abgespeichert. Warum nur Freunde und Kinder duzen? Warum nicht auch Fremde? Wozu diese unnötige Trennung?

»Sie haben recht«, sagte Niklas, ohne die Anrede zu ändern. Auch im Spanischen war er daran gewöhnt, einen Mann wie Señor Gonzalez mit Sie anzusprechen. Es passierte von ganz allein. »Kann ich Sie, ich meine, kann ich dich etwas fragen?«

»Was du möchtest«, antwortete Señor Gonzalez, während er seine dunkelgrüne Kappe abnahm und sich kurz am Kopf kratzte.

»Woher bist du dir so sicher, dass wir alle gleich sind?«

»Weil …« Der alte Bauer ließ seinen Blick auf das Gemüsefeld wandern. »Weil es so ist. Sieh dir die Kartoffeln an: Wenn du sie erntest, findest du große und kleine, dicke und dünne, schöne und hässliche, hellere und dunklere. Aber es sind alles Kartoffeln. Mit den Menschen ist es genauso.«

»Aber eine große Kartoffel kann man teurer verkaufen als eine kleine, folglich ist sie doch wertvoller.«

»Sie bringt mehr Geld ein, das stimmt. Aber ich würde zum Beispiel eine kleine Kartoffel nie wegschmeißen, nur weil sie kleiner ist. Es sind alles Kartoffeln, und sie schmecken alle gut.«

Señor Gonzalez ging mit gebeugtem Rücken ein paar Meter zu einem Klappstuhl, der direkt neben dem Eingangstor stand.

»Es ist traurig mit anzusehen ...«, begann er, während er sich langsam hinsetzte. »Heutzutage hängt der Wert eines Menschen davon ab, wie viel Geld er erwirtschaften kann.« Er schüttelte verständnislos den Kopf. »Dabei ist das doch kein Wert, Geld.«

»War es denn früher anders?«, wollte Niklas wissen. Der alte Bauer zögerte einen Moment und zog dabei die Mundwinkel nach unten.

»Es war nicht perfekt, bestimmt nicht, aber es war besser. Jedenfalls hier in Estepona. Wie es woanders war, weiß ich nicht.«

Für eine Weile schwiegen sie. Señor Gonzalez saß nachdenklich auf seinem Stuhl und Niklas wippte unruhig auf seinen Füßen hin und her. Schon bald wurde dem Stadtmenschen die Stille zu viel.

»Hast du schon immer hier gelebt?«

»Oh ja!«

Die Augen des alten Bauern begannen zu leuchten.

»Ich wurde da vorne unter dem Feigenbaum geboren, über achtundsiebzig Jahre ist das nun her. Damals gab es noch keine Zäune und kaum Straßen. Ich bin in einer kleinen Holzhütte aufgewachsen, direkt neben dem Baum. Und er ist immer noch da, der Baum, ist das nicht wunderbar? Seine Feigen sind die besten, die ich je gegessen habe.«

»Und wann sind die Feigen reif?«, fragte Niklas, für

den es eine fast paradiesische Vorstellung war, solche Früchte direkt vom Baum pflücken zu können.

»Ach, das dauert noch einige Monate. Ende Juli gibt es die ersten, für die richtig leckeren Feigen musst du aber mindestens bis Ende August warten.«

Señor Gonzalez erhob sich wieder von seinem Stuhl, was ihn einige Mühe kostete.

»So, junger Mann, ich muss hier weitermachen.«

Niklas nickte und wandte sich Richtung Ausgang. Direkt neben dem Tor sah er eine schwarze Tafel, die an einer flachen Mauer lehnte und auf die einige Worte gekritzelt waren: *Patatas, cebollas, ajo* – Kartoffeln, Zwiebeln und Knoblauch.

»Könnte ich noch ein paar Zwiebeln bekommen?«

Er fühlte sich schuldig, dem alten Mann seine Zeit gestohlen zu haben, und wollte ihm wenigstens etwas abkaufen.

»Aber sicher doch«, erwiderte Señor Gonzalez. Er ging zu einem kleinen Schuppen und kam kurz darauf mit einem Bund riesiger Zwiebeln zurück.

»Hier. Gestern erst aus der Erde geholt.«

»Danke! Was macht das?«

Señor Gonzalez winkte ab.

»Beim nächsten Mal. Die hier gehen aufs Haus.«

Dann drehte er sich mit einem Lächeln um und machte sich daran, die Schilfrohre an einen anderen Platz zu bringen. Als Niklas bereits das Grundstück verlassen hatte und sich auf der anderen Seite vom Zaun befand, rief ihm Señor Gonzalez aus dem Garten hinterher:

»Was für ein herrlicher Tag, nicht wahr? Genieße ihn!«

Eine halbe Woche später stieg Niklas am frühen Nachmittag erneut den kleinen Hügel hinauf, um Señor

Gonzalez zu besuchen. Nach seinem ersten Besuch hatte
er immer wieder an sein Leben in der Großstadt denken
müssen, an seine Arbeit in der Bank, an Hochhäuser
und verstopfte Straßen. Dann hatte er diese Bilder mit
dem Bild des Gartens von Señor Gonzalez verglichen.
Es war eine völlig andere Welt! Und weil diese Welt so
anders war, hatte sie seine Neugierde geweckt.

Als Niklas an der Finca ankam, verkaufte Señor Gonzalez gerade einen Sack Kartoffeln an eine Frau in einem
gelben Seat Ibiza. Die Frau saß am Steuer und guckte
im Rückspiegel zu, wie der alte Mann den schweren
Sack in ihren Kofferraum beförderte. Anschließend
tauschten sie noch einige Worte aus, dann fuhr der
Wagen davon und ließ Señor Gonzalez und Niklas in
einer kleinen Staubwolke zurück.

»*Hola*!«, begrüßte er den Bauern.

»Mein Freund aus dem Norden, willkommen!«, entgegnete Señor Gonzalez.

Gemeinsam betraten sie das große Gemüsefeld.

»Kann ich dir ein bisschen bei der Arbeit helfen?«,
fragte Niklas vorsichtig.

»Du willst mir helfen?« Señor Gonzalez musterte sein
Gegenüber von Kopf bis Fuß. »In diesen Klamotten?«
Nun war es Niklas, der an sich herunterschaute. Er
starrte auf seine hellblaue Hose und das weiße T-Shirt.

»Ja, warum nicht. Ich hab ja eine Waschmaschine.«

»Na gut, wenn du möchtest.«

Eigentlich hatte Niklas gar keine Lust, sich dreckig
zu machen und in der Erde zu wühlen. Aber er wollte
sich mit Señor Gonzalez unterhalten, und einfach nur
dumm neben ihm stehen und nichts tun, das wäre
nicht richtig. Er würde sich fühlen wie ein nerviger
Tourist oder, noch schlimmer, wie ein Zoobesucher.

»Hier, die müssen alle da vorne eingepflanzt werden.«
Der alte Bauer drückte ihm eine Kiste mit über einhundert Stecklingen in die Hand. Niklas inspizierte die kleinen Pflänzchen, hatte allerdings keine Ahnung, was das für welche waren. Señor Gonzalez bemerkte das große Fragezeichen im Gesicht seines Gastes.

»Das sind Tomaten. Hast du noch nie Tomaten gepflanzt?«

Niklas schüttelte verlegen den Kopf. Nein, er hatte noch nie Tomaten gepflanzt. Ehrlich gesagt hatte er noch nie irgendetwas gepflanzt.

Sie gingen zusammen auf die andere Seite des Gartens. Señor Gonzalez hatte mit den Schilfrohren einige Vorrichtungen gebaut, an denen die Tomaten hinaufwachsen konnten. Es gab drei Reihen á zwanzig Meter. Jede der drei Konstruktionen sah aus wie ein in die Länge gezogenes Tipi Zelt.

»Es ist ganz einfach«, ermutigte ihn der alte Bauer. Er nahm einen der Setzlinge, ging zur ersten Stützstange, bückte sich und begann, mit den Fingern ein kleines Loch zu graben.

»Die Erde habe ich letzte Woche mit frischem Kompost angereichert. Dazu regelmäßig Wasser und die Tomaten haben alles, was sie zum Wachsen brauchen.«

Er steckte den Setzling in das Loch, füllte es mit lockerer Erde auf und drückte mit der Hand einige Male den Boden flach.

»Es darf nicht zu fest sein, sonst können die Wurzeln nicht atmen.«

Als er fertig war, nahm er den nächsten Setzling und buddelte ein weiteres Loch, ungefähr fünfzig Zentimeter neben dem ersten.

Niklas schaute ihm noch ein bisschen zu, dann nahm er ebenfalls einen Setzling aus der Kiste und machte sich daran, die gegenüberliegende Reihe zu bepflanzen.

»Wo wohnst du eigentlich?«, fragte er nach einer Weile.

»Direkt da vorne, in einem Häuschen hinter dem Schuppen.

»Und du arbeitest jeden Tag im Garten?«

»Von morgens bis abends!«, antwortete Señor Gonzalez mit größter Selbstverständlichkeit. »Seit über sechzig Jahren.«

»Hast du denn nicht vor, irgendwann in Rente zu gehen?«

»Rente?«, erwiderte Señor Gonzalez sichtlich verwundert. »Warum soll ich denn in Rente gehen?«

Er richtete sich auf, streckte einmal den Rücken durch und bückte sich wieder, um das nächste Loch zu graben.

»Wer sollte sich dann um das alles hier kümmern?«

»Du könntest doch dein Land verkaufen und in eine gemütliche Wohnung im Ort ziehen.«

Señor Gonzalez begann zu lachen.

»Warum sollte ich mein Land verkaufen? Und eine gemütliche Wohnung im Ort? Also ich finde mein kleines Haus auch gemütlich. Zwei Wände werden im Winter etwas feucht, die muss ich reparieren, aber ansonsten ist alles wunderbar. Aufhören zu arbeiten und in den Ort ziehen ...«

Er nahm einen tiefen Atemzug und schüttelte den Kopf.

»Ich sage dir, was passieren würde, wenn ich mein kleines Labyrinth hier verlassen und in den Ort ziehen würde. Früher oder später würde ich mir wie alle anderen dreimal am Tag den Bauch vollschlagen und den Rest der Zeit würde ich auf dem Sofa dahinvegetieren.«

Niklas dachte an die alten Menschen, die er in Deutschland kannte. Seine Großeltern, einige Nachbarn, Kunden in der Bank. Viele von ihnen führten genau die Art von Leben, von dem Señor Gonzalez sprach: dicke Bäuche, kaum Bewegung und zu Hause ein großes Sofa vor einem noch größeren Flachbildschirm.

»Hier in meinem Garten habe ich eine Aufgabe. Ich habe einen guten Grund, nicht den ganzen Tag auf dem Sofa zu sitzen. Warum sollte ich das aufgeben?« Er bedeckte ein weiteres Tomatenpflänzchen mit feuchter Erde.

»Außerdem fühle ich mich einfach großartig, wenn ich die Hände im Dreck habe!«

Niklas verbrachte den ganzen Nachmittag damit, die kleinen Tomaten-Setzlinge einzupflanzen. Später half er Señor Gonzalez auch noch dabei, einen anderen Teil des Gartens mit einem Handpflug umzugraben. Als es langsam Abend wurde, verabschiedete er sich von dem alten Bauern und machte sich auf den Heimweg. In der WG angekommen, sprang er unter die Dusche. Nachdem er bequeme Sachen angezogen hatte, ließ er sich erschöpft aufs Sofa fallen. Seine Knie taten ihm weh, sein Rücken schmerzte und er hatte zwei eingerissene Fingernägel. Er war müde, viel müder, als er es nach anstrengenden Tagen in der Bank gewesen war. Aber da gab es auch noch etwas anderes, das er neben der Erschöpfung und den Schmerzen fühlte.

Er war glücklich.

Glücklich und zufrieden mit dem, was er in den letzten Stunden gemacht hatte.

Zuflucht im Gemüsegarten

Niklas schlief noch friedlich, als er plötzlich durch ein lautes Scheppern aus seinen Träumen gerissen wurde. Er stand auf, um nachzusehen, wo der Lärm herkam.

Draußen hatte schon längst der Tag begonnen. Normalerweise hätte er um diese Uhrzeit bereits einige Stunden an seinem Schreibtisch gesessen, aber da die Arbeit bei der Bank nun der Vergangenheit angehörte, gab es für Niklas auch keinen Grund mehr, sich einen Wecker zu stellen. Sich in der Früh aus dem Bett zu zwingen, oft noch vor Sonnenaufgang, für einen Job, der ihn fast nie zum Lächeln gebracht hatte und den er nur des Geldes wegen ausgeübt hatte – wenn es etwas gab, das er definitiv nicht vermisste, dann war es diese sinnlose morgendliche Quälerei.

Er durchquerte das Wohnzimmer, ging zur Küche und blieb abrupt stehen. Mit beiden Handrücken rieb er seine verschlafenen Augen, um sich zu vergewissern, dass er nicht mehr träumte: Der ganze Boden war übersät mit Gabeln, Messern und Löffeln! Pedro und Khadim saßen seelenruhig an dem kleinen runden Küchentisch, tranken Kaffee und tippten auf ihren Handys herum.

»Was ist passiert?«, wollte Niklas wissen.

»Die Halterung für den Besteckkasten ist auf der einen Seite abgebrochen«, antwortete Pedro, ohne dabei den Blick von seinem Telefon zu nehmen.

»Und jetzt?«

»Wenn wir heute Abend wiederkommen, repariere ich die Halterung, keine Sorge. Und den Mist hier aufräumen werde ich dann auch.«

»Heute Abend erst?«, fragte Niklas und schaute zu Khadim. Dieser zuckte unschuldig und sichtlich desinteressiert mit den Achseln.

»Mich brauchst du nicht angucken, ich hab damit nichts zu tun.«

Pedro kippte den letzten Schluck Kaffee runter, steckte sein Handy ein und erhob sich.

»Komm Khadim, wir müssen los.«

Niklas trat zur Seite und ließ die beiden passieren. Kurz darauf fiel die Tür ins Schloss. Er starrte auf das Schlachtfeld in der Küche. Nicht nur, dass das ganze Besteck auf dem Boden lag, nein, dazu türmte sich auch noch ein riesiger Stapel mit dreckigem Geschirr in der Spüle und auf der Ablage standen zwei große, nicht ausgepackte Einkaufstaschen. Wieso ging man einkaufen und ließ dann alles im Raum stehen, fragte sich Niklas. Er nahm die letzte unbenutzte Schüssel, füllte sie mit Müsli und machte einen Schritt zum Kühlschrank. Dabei vergaß er allerdings das Besteck auf dem Boden und trat auf die Spitze einer Gabel. Zum Glück nicht mit voller Wucht, aber doch fest genug, dass es wehtat.

»Diese verdammten Chaoten!«

Ärger stieg in ihm auf und in Gedanken beschimpfte er seine Mitbewohner weiter. Doch was solls? Es war nicht sein Haus, er war nur Gast.

Da das Wohnzimmer auch nicht besser aussah als die Küche, beschloss Niklas, ebenfalls die Wohnung zu verlassen. Lange überlegen, wo er hingehen sollte, musste er nicht: natürlich zu Señor Gonzalez! Dort gab es Dreck, der Spaß machte.

Gegen Mittag trudelte er im Garten des alten Bauern ein. Die Sonne schien, blauer Himmel, 24 Grad. Niklas war seit fast drei Wochen in Andalusien und hatte noch keine einzige Wolke gesehen – in Deutschland gab es so ein konstant gutes Wetter noch nicht einmal im Sommer. Wirklich fair war das nicht.

Er schaute sich um, konnte Señor Gonzalez anfangs jedoch nicht ausfindig machen. Schließlich entdeckte er ihn in der Nähe des Feigenbaums, kniend in einem großen Kartoffelbeet.

»Wunderbar, da kommt mir jemand helfen«, wurde er mit einem Augenzwinkern begrüßt.

»Gerne. Was steht heute auf dem Programm?«

»Unkraut jäten!«, gab Señor Gonzalez euphorisch von sich.

»Genau das, wovon ich schon immer geträumt habe.« Niklas grinste kurz. Dann kniete er sich ebenfalls hin und begann, alles, was nicht zu den Kartoffelpflanzen gehörte, aus dem Boden zu rupfen und in den Korb zu werfen, der zwischen den beiden stand.

»Eigentlich ist Unkraut der falsche Name«, sagte Señor Gonzalez nach einer Weile. »Als wäre es völlig nutzlos, dabei ist das gar nicht so. Beikraut wäre ein viel besserer Name.«

»Wofür benutzt du das Beikraut denn?«

»Es kommt auf den Komposthaufen.« Er zeigte auf zwei große, aus Holzpaletten gebaute Container, die etwas abseits an der Hecke zum Nachbargrundstück standen. »Dort wird es zu fruchtbarer Erde, die ich später als Dünger benutzen kann. So verwandelt sich etwas, das unbrauchbar scheint, in etwas Brauchbares.« Señor Gonzalez nahm den Korb und rutschte zwei Meter weiter nach links. Niklas folgte ihm. Während sie ihrer Arbeit nachgingen, lauschten sie dem fröhlichen Gezwitscher einiger Vögel, die in der Nähe umherflogen.

»Und du hast keinen Garten, wo du wohnst?«, fragte der alte Bauer.

»Nein. Ich lebe in einer großen Stadt, in einer Wohnung im dritten Stock. Da gibt es keine Gärten.«

»Oh.«

»Nur ganz viel Beton«, ergänzte Niklas. »Keine Erde.«

Señor Gonzalez schwieg. Man sah ihm an, dass er sich ein Leben fernab von der Natur nicht vorstellen konnte.

»Hast du auch keinen Balkon?«, wollte er wissen.

»Doch, einen kleinen Balkon hab ich.«

»Dann könntest du doch dort etwas anpflanzen.«

Niklas zögerte einen Moment. Die Vorstellung, im dritten Stock Tomaten und Zwiebeln anzubauen, erschien ihm seltsam. Allerdings hatte er auch noch nie richtig darüber nachgedacht.

»Klar, warum nicht«, antwortete er, auch, um Señor Gonzalez nicht zu enttäuschen.

»Also wenn du irgendwann mal einen Gemüsegarten anlegst, selbst auf einem kleinen Balkon, dann ist der Komposthaufen der erste Schritt.«

»Der Komposthaufen?«

Niklas blickte ihn verwundert an.

»Ja, der Komposthaufen. Wo tust du sonst die ganzen Gartenabfälle hin?«

Der alte Mann riss einen großen Brennnesselstängel raus und richtete sich für einen Moment auf.

»Außerdem gibt dir der Komposthaufen eben den Dünger, den die Pflanzen zum Wachsen brauchen.«

»Dünger könnte ich aber auch kaufen«, wandte Niklas ein.

Señor Gonzalez hob verdutzt den Kopf.

»Aber wieso willst du für etwas Geld ausgeben, was die Natur dir umsonst gibt?«

Nun war es Niklas, der sprachlos ins Nichts starrte. Er war es gewohnt, für alles mit hart verdienter Währung zu bezahlen. Selbst die Bestattung seiner Oma im Jahr zuvor hatte ein kleines Vermögen gekostet. Umsonst war in seiner Welt noch nicht einmal der Tod.

»Und dein selbstgemachter Dünger ist genauso gut wie gekaufter?«

Señor Gonzalez warf ihm einen ernsten Blick zu. Dann stand er auf und verschwand in Richtung Schuppen. Zwei Minuten später war er zurück und hielt Niklas eine Handvoll schwarzer Erde unter die Nase.

»Riecht das nicht wundervoll?«

Niklas machte eine misstrauische Bewegung nach hinten.

»Und schau dir die Farbe an, und die Konsistenz!«, sagte der alte Bauer voller Stolz, während er die Erde durch seine Finger rieseln ließ. »Direkt vom Komposthaufen. Frisch und lebendig!«

Señor Gonzalez strahlte übers ganze Gesicht.

»Vermischt mit dem Mist vom Esel ist das der beste natürliche Dünger, den es gibt.«

Dass jemand sich so für einen Haufen Erde begeistern konnte. Erde, die zum großen Teil aus Abfall bestand.

»Benutzt du nur natürlichen Dünger auf deinem Land?«, wollte er wissen, während sich beide wieder dem Unkraut im Kartoffelbeet widmeten.

»Ja, und ich benutze auch keine Pestizide oder Herbizide. Nur das, was die Natur mir gibt. Und meine zwei Hände.«

Er zog an einer hartnäckigen Wurzel.

»Schon immer mache ich das so. Allerdings bin ich hier im Ort mittlerweile der Einzige, der noch so arbeitet. Schau dir nur meine Nachbarn an, die besprühen alle Bäume und Pflanzen mit Gift.«

Mit ausgestrecktem Arm zeigte er zuerst auf die beiden Fincas auf der anderen Seite des Weges, dann auf die direkten Nachbargrundstücke.

»Früher haben alle mit der Natur zusammengearbeitet. Heute ist es normal, gegen die Natur zu arbeiten, als wäre sie ein Feind.«

Seine Stimme klang traurig.

»Was meinst du, warum sich das geändert hat?«, fragte Niklas.

»Weil die meisten Leute faul sind. Sie wollen alles so einfach wie möglich haben, und so schnell wie möglich. Und klar, es ist bequemer, das Unkraut mit Gift zu vernichten, anstatt es selbst raus zu reißen. Es ist auch weniger Arbeit, künstlichen Dünger zu kaufen, als sich um den eigenen Kompost zu kümmern. Das Problem ist jedoch …«

Sorgenfalten breiteten sich auf seinem Gesicht aus.

»Das Problem ist, dass sie nicht merken, dass sie alles zerstören. Den Boden, die Pflanzen und letztes Endes alles, was lebt. Auch die Menschen, denn die Menschen sind ein Teil von alldem. Wenn die Natur kaputt geht, geht auch der Mensch kaputt.«

Mit der Innenseite seines T-Shirts wischte er sich ein paar Schweißtropfen von der Stirn. Dann nahm er den vollen Korb und ging zum Komposthaufen, um ihn zu leeren.

Niklas dachte über das nach, was der alte Andalusier gesagt hatte. Die Art von Landwirtschaft, die Señor Gonzalez betrieb, bezeichnete man in der modernen

Welt als ›Bio‹. In den letzten Jahren hatte Niklas dieses Wort immer öfter gehört, sich aber nie mit dem Thema beschäftigt. Für ihn war ›Bio‹ immer eine Art Hippie-Trend gewesen, der nichts mit ihm zu tun hatte. Es war eine Sache für die Ökos, nicht für ihn. Oft hatte er sich auch darüber lustig gemacht, dass Leute so viel mehr Geld für ein Bio-Etikett ausgeben. Nun wurde ihm allerdings langsam bewusst, dass die Frage, wie sein Essen produziert wurde, ihn sehr wohl etwas anging.

»Guck dir doch nur die Krankenhäuser an, wie voll sie sind«, fuhr Señor Gonzalez fort, als er mit dem leeren Korb zurückkam. »So viele kranke Menschen! Und es wird immer schlimmer. Mir macht das Angst, wobei ich selbst natürlich schon alt bin. Aber was ist mit den jungen Leuten? So wie du? Wenn es so weitergeht, wird es böse enden ...«

Er schüttelte den Kopf.

»Mit toter Erde und vergifteten Pflanzen, wie soll da ein gesundes Leben möglich sein?«

Wieder schüttelte er den Kopf. Dann kniete er sich hin, strich sanft mit seiner rauen Hand über den Boden und murmelte leise vor sich hin.

»Dabei ist es doch so einfach ...«

An den nächsten Tagen nahm sich Niklas eine Auszeit von der Gartenarbeit. Morgens machte er lange Strandspaziergänge, dann aß er in einem der vielen guten Fischrestaurants und anschließend verbrachte er viele Stunden auf der Terrasse eines kleinen Cafés, von wo aus er das andalusische Leben beobachten konnte. Kinder, die in altmodischen Uniformen aus der Schule kamen, Getränkelieferanten, die stets in zweiter Reihe parkten und dadurch laute Hupkonzerte auslösten, und natürlich Frauen – so viele schöne südländische Frauen! Gegen Abend ging er dann wieder zum Strand, um im letzten Tageslicht aufs Meer zu starren und die Silhouette der Berge Afrikas zu bewundern. Wie heißt es so schön? Die Seele baumeln lassen. Genau das tat er.

Dank der Ruhe, die er am Strand tankte, fiel es ihm auch leichter, das Chaos in der WG zu tolerieren. Der Besteckkasten war inzwischen repariert und ansonsten hatte sich der Zustand der Wohnung zumindest nicht verschlechtert. An einem Freitagmittag Ende April änderte sich das jedoch schlagartig.

Niklas hatte beschlossen, endlich mal wieder selbst zu kochen. Ständige Restaurantbesuche wurden irgendwann langweilig und auch zu teuer. Nach seinem morgendlichen Spaziergang war er also einkaufen gewesen und stand nun mit vollgepackten Taschen vor der Wohnungstür.

Von drinnen hörte er merkwürdige Geräusche, als würde jemand die Möbel umstellen. Er steckte den Schlüssel ins Schloss, doch bevor er ihn umdrehen konnte, wurde die Tür aufgerissen. Pedro stand vor ihm und versuchte, ihm den Blick nach innen zu verdecken.

»Was ist los?«, wollte Niklas sogleich wissen.

»Also ...«, begann Pedro ganz ruhig, ohne die Sicht freizugeben. »Du wirst das nicht lustig finden, aber ... Es ist nur vorübergehend.«

»Was ist nur vorübergehend?«, fragte Niklas mit besorgter Stimme.

Ohne ein weiteres Wort trat Pedro einen Schritt zur Seite. Der Anblick, der sich Niklas bot, machte ihn ebenfalls sprachlos. Zwei riesige Kartons versperrten den Durchgang zur Küche, und das Wohnzimmer sah aus, als hätte ein Schrotthändler seinen gesamten Bestand dort abgeladen.

Niklas warf einen Blick auf die große Wanduhr neben dem Eingang.

»Ich bin doch gar nicht so lange weg gewesen«, stellte er ungläubig fest. »Was ist passiert?«

»Das sind alles Sachen aus meiner Garage«, antwortete Pedro. »In den Kartons sind Solarplatten, und das meiste andere ist Kram, den ich zum Arbeiten brauche.«

Beide ließen ihre Augen durchs Zimmer wandern. Eisenstangen, eine dreckige Bohrmaschine, Kabeltrommeln, diverse Kisten, eine Plastikplane, vollgestopfte Tüten, ein altes Skateboard, eine Schubkarre.

»Und warum ist das alles hier und nicht in der Garage?«

»Weil ich mir ein Boot gekauft habe.«

»Du hast was?«

»Ein sehr schönes Boot!«, meldete sich Khadim mit einem Grinsen zu Wort. Er saß auf der Sofalehne und inspizierte eine Angelrute, die er offensichtlich in der Garage ergattert hatte. Viel von Khadims Vergangenheit kannte Niklas zu diesem Zeitpunkt noch nicht, aber er wusste, dass er im Senegal seit seiner Kindheit als Fischer gearbeitet hatte.

»Es ist so ein kleiner Holzkahn, wie ihn viele von den alten *Esteponeros* haben«, sagte Pedro. »Hab ich von einem Kunden für ganz wenig Geld bekommen. Damit können wir aufs Meer rausfahren! Das einzige Problem ist: Das Boot passt mit dem Anhänger nur in die Garage, wenn die Garage komplett leer ist.«

Niklas ließ seinen Blick erneut durchs Wohnzimmer, oder eher durchs Schrottlager, wandern.

»Und ... wie lange bleiben die ganzen Sachen jetzt hier?«

»Bis ich eine zweite Garage gefunden habe. Ein paar Tage, maximal eine Woche.«

»Okay«, seufzte Niklas resigniert. Doch dann kam ihm ein rettender Gedanke: Es war unbedingt Zeit, wieder Señor Gonzalez zu besuchen! Er zwängte sich an den großen Kartons vorbei in die Küche, stellte die beiden Einkaufstaschen ab, nahm sich etwas Obst und verließ die Wohnung zügig durch die noch offen stehende Haustür. Dieses Mal war er derjenige, der die anderen im Chaos zurückließ.

Eine halbe Stunde später hockte er im Gemüsegarten und pflanzte Lauch-Setzlinge in die Erde. Señor Gonzalez hatte ihm eine Holzschale mit etwa 700 Stück in die Hand gedrückt – fürs erste war er also beschäftigt. Alle zehn bis fünfzehn Zentimeter grub er mit den Fingern ein kleines Loch und steckte eine der winzigen Lauchstangen behutsam hinein. Dann füllte er das Loch mit lockerer Erde auf, drückte alles leicht fest und machte mit dem nächsten Setzling weiter. Es war eine äußerst monotone Tätigkeit, aber sie machte Spaß. Warum, wusste er auch nicht so genau. Vielleicht, weil er draußen unter freiem Himmel arbeitete anstatt bei künstlichem Licht an einem Schreibtisch. Oder vielleicht war es das Gefühl, etwas Sinnvolles zu tun, denn schließlich half er, Essen in die Welt zu bringen. Oder vielleicht war er auch einfach nur froh, dem Chaos in der Wohnung entkommen zu sein. Was auch immer der Grund war, Niklas stellte erst jetzt fest, dass er den Garten in den letzten Tagen vermisst hatte.

Das Wetter war unverändert sommerlich. Seit knapp einem Monat hatte er keinen Tag ohne Sonnenschein erlebt, es war ein herrliches Klima und genau das, was er nach dem tristen Winter in Nordeuropa gebraucht hatte. Doch nicht alle freuten sich wie er über dieses Wetter.

»Ich hoffe, es regnet bald«, sagte Señor Gonzalez mit einem flehenden Blick gen Himmel.

»Kannst du denn nicht einfach den Garten mit dem Schlauch bewässern?«

»Natürlich kann ich das. Ab und zu bleibt mir auch gar nichts anderes übrig, aber das Wasser von der Stadt ist verdammt teuer und deswegen versuche ich es zu vermeiden. Wenn ich nur zwei Blumentöpfe zu gießen hätte, wäre es kein Problem, aber ein ganzes Feld – das ist unmöglich. Da müsste ich jede Kartoffel für drei Euro verkaufen, damit ich keinen Verlust mache.«

Niklas zog verblüfft die Augenbrauen hoch. Er hatte nicht geahnt, wie viel Wasser so ein Gemüsegarten verbraucht und wie teuer der ganze Spaß werden kann, wenn es nicht regnet.

»Früher hatte ich einen Brunnen«, fuhr Señor Gonzalez fort, »aber der ist schon lange trocken. Durch den ganzen Tourismus an der Küste und die vielen Golfplätze ist der Grundwasserspiegel immer tiefer gesunken.«

›Na großartig‹, dachte Niklas. Da klauen also die blöden Golfplätze den armen Bauern das Wasser.

»Außerdem habe ich den Eindruck, dass es immer seltener und unregelmäßiger regnet. Als Landwirt kann man sich heutzutage nicht mehr darauf verlassen, dass es ausreichend Niederschlag gibt.«

Wie so oft, wenn er nachdenklich wurde, nahm Señor Gonzalez seine grüne Kappe ab und kratzte sich am Kopf.

»Ich weiß auch nicht, wie das weitergehen soll.«

Es war das erste Mal, dass Niklas mit jemandem sprach, der direkt vom Klimawandel betroffen war. Im Fernsehen und in Zeitungen hatte er schon oft Wissenschaftler darüber reden hören, aber ähnlich wie bei der voranschreitenden Automatisierung und Digitalisierung der Arbeitswelt waren es meistens sehr abstrakte Warnungen, irgendwo in der fernen Zukunft gelegen. Und weil die Gefahr so weit weg schien, empfand man keine Notwendigkeit und schon gar keine Dringlichkeit, etwas an der eigenen Lebensweise zu ändern. Folglich war es weiterhin normal, um die Welt zu fliegen, in der Wüste Golf zu spielen und tausende andere absurde Dinge zu tun, die den Klimawandel beschleunigten.

Während er weiter die kleinen Lauchstangen ein-pflanzte, beobachtete er aus den Augenwinkeln, wie ein Auto langsam draußen auf dem Weg vorbeifuhr und genau vor dem Eingangstor parkte. Eine Frau mittleren Alters stieg aus, betrat das Grundstück und begrüßte Señor Gonzalez.

»Ich brauche vier Kilo Kartoffeln.«

Er nickte.

»Und hast du noch Eier?«, wollte die Frau wissen.

»Ja, wie viele willst du haben?«

»Ein Dutzend.«

Abgesehen von seinem Gemüseacker und dem Esel hatte Señor Gonzalez ungefähr dreißig Hühner, die in einem Gehege hinter dem Schuppen lebten. Auf sei-nem Land produzierte er also die beiden Basiszutaten für eines der beliebtesten Gerichte in Andalusien: die spanische *Tortilla*.

Der alte Bauer kramte zwei Plastiktüten aus einer Kiste, ging zum Schuppen und kehrte kurz darauf mit Kartoffeln und Eiern zurück.

»Sonst noch was?«, fragte er freundlich.

»Wie sieht es mit Paprika aus?«

»Nein, noch nicht. Du weißt doch, dass ich kein Gewächshaus habe. Paprika gibts bei mir erst ab Juni.«

Er schaute auf sein Feld, um zu sehen, was er der Frau sonst noch anbieten konnte.

»Da vorne habe ich noch schöne Brokkoli-Köpfe, das sind die letzten bis zum Herbst.«

»Gut. Was kosten die denn?«

»Zwei fünfzig das Stück.«

Die Frau sah ihn mit großen, entsetzten Augen an.

»Zwei Euro fünfzig? Im Supermarkt kosten die noch nicht mal die Hälfte!«

»Das mag sein«, entgegnete ihr Señor Gonzalez mit ruhiger Stimme, »aber die im Supermarkt sind alle mit Gift bespritzt, wohingegen meine völlig natürlich sind.«

Die Frau schüttelte verständnislos den Kopf.

»Deine Kartoffeln und Eier werden auch immer teurer. Natur hin oder her, das kann sich doch bald keiner mehr leisten.«

Señor Gonzalez ließ seinen Blick über die Schultern der Frau zu ihrem Auto wandern. Es war ein großer Mercedes, höchstens zwei Jahre alt. Er nahm den Wagen zur Kenntnis, dann guckte er wieder seine Kundin an.

»Willst du Gift kaufen oder etwas Gesundes?«

Die Frau guckte ihn gleichgültig an.

»Ich kann hier nicht für alles doppelt so viel wie sonst bezahlen«, sagte sie mürrisch. »Also, Kartoffeln und Eier nehme ich mit, den Brokkoli kannst du selbst essen.«

Sie drückte ihm widerwillig zehn Euro in die Hand, nahm ihre Sachen und brauste in ihrem schicken Auto davon. Señor Gonzalez stand noch eine Weile da und schaute ihr nach.

»Passiert so etwas öfter?«, erkundigte sich Niklas vorsichtig. Er hatte die Diskussion verfolgt und war wieder mal von dem schroffen Umgangston einiger Andalusier überrascht.

»Ja, in letzter Zeit leider ständig«, seufzte Señor Gonzalez. »Dabei sind meine Preise seit bestimmt fünfzehn Jahren gleich geblieben. Was sich geändert hat, sind die Preise im Supermarkt – die Leute denken, dass meine Produkte teurer werden, doch in Wirklichkeit wird alles andere immer billiger. Brokkoli für einen Euro, da kann ich nicht mithalten.«

Er hielt einen Moment inne und starrte geradeaus. Dann guckte er mit einem ironischen Lächeln seinen jungen Helfer an.

»Und die Autos werden immer größer – da bleibt dann eben kein Geld mehr für gutes Gemüse.«

Niklas musste schlucken. Er hatte selbst auch nie einen höheren Preis für Bioprodukte bezahlen wollen. Durch sein Kaufverhalten hatte er also stets die Supermärkte und somit die riesigen, nicht-ökologischen Landwirtschaftsbetriebe gefördert, anstatt einen lokalen und nachhaltig arbeitenden Bauern zu unterstützen. Und wenn er ganz ehrlich war, dann war es nie eine Frage des Geldes gewesen. Bis vor kurzem hatte er jedenfalls genug verdient, um theoretisch immer im Bioladen einkaufen zu können. Aber er hatte sich lieber alle zwölf Monate ein neues Handy gegönnt, dazu regelmäßig Städtetrips in Europa, ein siebtes Paar Schuhe und vieles mehr. Mit Sicherheit gab es Menschen, die schlicht und einfach nicht genügend Geld hatten, um zwei Euro für einen Bio-Brokkoli zu zahlen. Aber er selbst und viele Leute, die er kannte, hatten alle genügend Geld zur Verfügung. Folglich war es für die meisten Menschen keine Frage von Armut und Reichtum, wo und was sie einkauften, sondern eine Frage der Prioritäten.

Mittlerweile hatte Niklas eine bessere Vorstellung davon, was es bedeutete, einen ökologischen Gemüsegarten zu bepflanzen, zu pflegen und zu lieben. Um einen einzigen Brokkoli-Kopf zu ernten, braucht es eine riesige Pflanze, um die man sich mehrere Monate kümmern muss. Zwei Euro war da eigentlich noch ein viel zu niedriger Preis, dachte Niklas. Und ja, es war eine seelenvolle Tätigkeit, hier draußen in der Natur, mit den Händen tief in der Erde, aber es war auch harte Arbeit. Er brauchte nur Señor Gonzalez etwas genauer anzusehen: Seine Finger waren übersät mit Schwielen und Rissen und dicker Hornhaut, sein Gang war stets gekrümmt und in seinem von tausenden Stunden Sonne verbrannten Gesicht spiegelte sich das Leben eines alten Bauern wider. Es war ein Armutszeugnis der Gesellschaft, dass die ehrliche Arbeit eines solchen Mannes von den meisten Menschen nicht mehr wertgeschätzt wurde.

»Frustriert dich das nicht, wenn deine Kunden so reagieren?«, wollte Niklas wissen. »Macht dich das nicht traurig?«

»Doch, ein bisschen schon«, antwortete Señor Gonzalez. »Aber wenn die Leute unbedingt jammern und Gift essen wollen, dann müssen sie das eben machen. Was soll ich mich aufregen oder in Selbstmitleid versinken? *Es lo que hay* – so ist das nun mal.«

Er lächelte erneut und strahlte dabei seine für ihn typische Gelassenheit aus. Dann nahm er sich eine Handvoll Setzlinge aus der Holzschale, kniete sich gegenüber von Niklas auf den Boden und begann, den kleinen Pflanzen eine neue Heimat zu buddeln.

»Mein Garten wird mich nie reich machen«, resümierte er und hob den Kopf, um Niklas in die Augen zu schauen. »Aber dafür macht er mich glücklich.«

Ostwind

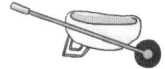

Am zweiten Mai war er plötzlich da, der *Levante*. Niklas hatte die Leute schon ein paar Mal über ihn sprechen hören, am Nachbartisch im Café und in der Schlange an der Supermarktkasse. Die Einheimischen schienen unheimlich viel Respekt vor ihm zu haben, wenn nicht sogar Angst. ›Ein bisschen Wind, was soll der einem schon antun‹, hatte Niklas gedacht. Und in der Tat, normalerweise tendierten die Andalusier dazu, hoffnungslos zu übertreiben. Alles war immer viel größer und kleiner und besser und schlechter, als es in Wirklichkeit war. Man war also gut beraten, nicht alles so dramatisch zu sehen, wie es die Leute schilderten. Doch in diesem Fall hatte niemand übertrieben.

Der Levante ist ein unregelmäßig auftretender Wind, der im Mittelmeer zwischen Spanien und Nordafrika entsteht. Durch zwei Gebirgsketten – der Sierra Nevada in Südspanien und dem Atlas in Marokko – wird der Wind wie in einem Kanal beschleunigt und von Osten in Richtung Atlantik gedrückt. An der Straße von Gibraltar, keine 40 Kilometer von Estepona entfernt, erreicht er seine Höchstgeschwindigkeit. Das Problem beim Levante ist jedoch nicht seine Stärke, sondern seine Penetranz. Tagelang bläst er unentwegt und wirbelt einem den Verstand durcheinander!

Früh morgens war Niklas bei Señor Gonzalez gewesen und hatte ihm geholfen, das letzte unbepflanzte Beet umzugraben. Dort hatte er noch nicht viel vom Wind mitbekommen, da das Grundstück von Señor Gonzalez leicht geschützt neben einem kleinen Hügel lag. Doch auf dem Rückweg in den Ort hatte er das wild wehende Schilfgras bemerkt – es tanzte nicht nur leicht in den Böen, sondern wurde stürmisch hin und her gerissen, als hätte es irgendetwas Böses verbrochen. Am Ende des Flussbettes angekommen, bekam er dann die volle Kraft des Levante zu spüren. Es war schier unmöglich, sich länger als einige Minuten am Strand aufzuhalten – der Sand rieb über seine nackten Beine und Arme wie grobes Schmirgelpapier, oder nein, schlimmer noch: Es war, als würde er von tausend kleinen Nägeln beschossen, ohne Pause und ohne Erbarmen.

Einige hartnäckige Touristen hatten sich trotz des Windes sonnen wollen und rannten nun verzweifelt ihren wegfliegenden Handtüchern und Kleidern hinterher. Während Niklas Schritt für Schritt gegen den Sturm ankämpfte, sah er auf einmal einen großen Gegenstand, der auf ihn zu segelte. Er machte einen Satz zur Seite, duckte sich und riss instinktiv die Hände über den Kopf. Als er wieder hochblickte, schlug wenige Meter neben ihm die Spitze eines Sonnenschirms im Sand ein. In der Ferne konnte er noch weitere Schirme erkennen, die ebenfalls hilflos durch die Luft geschleudert wurden und für alle eine unberechenbare Gefahr darstellten. Was für ein seltsamer Tod, am Strand von einem Sonnenschirm aufgespießt zu werden, dachte er.

Am ersten Tag war der wilde Wind noch aufregend, doch bereits am zweiten Tag war er nur noch mit Mühe zu ertragen. Spätestens ab dem dritten Tag wünschte sich dann jeder sehnlichst, dass dieser verdammte Levante endlich verschwinden und am besten nie wiederkehren würde. Das ständige Blasen und Toben und Rauschen machte einen völlig irre! Alle fühlten sich aufgewühlt und aufgedreht, alles war in konstanter Bewegung, keinen Moment lang herrschte Ruhe. Es gab keine Stille, noch nicht einmal nachts.

Bei Señor Gonzalez im Garten war es zwar etwas besser, aber je länger der Wind andauerte, desto mehr spürte man auch hier die ständige Unruhe. Am vierten Tag war immer noch keine Besserung in Sicht. Niklas verkroch sich den ganzen Morgen hinter dem Feigenbaum und rupfte Unkraut aus dem Kartoffelbeet. Er blieb bis zum frühen Nachmittag bei dem alten Bauern, dann ging er in den Ort, um einige Besorgungen zu erledigen. Als er die Strandpromenade erreichte, kamen ihm zwei Frauen entgegen, die vergeblich versuchten, ihre umher wehenden Haare und Röcke zu bändigen. Ansonsten war niemand zu sehen – der Levante hatte Estepona in eine Geisterstadt verwandelt. Niklas blieb einen Moment stehen und blickte in Richtung Horizont. Das Meer war mit weißen Schaumkronen bedeckt und die sich aufbäumenden Wellen wurden in einem unnachgiebigen Takt an den Strand gepeitscht. Hoch über ihm schwebte eine Möwe scheinbar regungslos auf der Stelle. Er ging weiter und kam an einigen Palmen vorbei, die bedrohlich hin und her schwankten. Es glich einem Wunder, dass ihre filigranen und so zerbrechlich wirkenden Stämme nicht der Reihe nach umknickten. Jeden Tag und jede Nacht waren sie ungeschützt den Naturgewalten ausgesetzt, doch weder Sturm noch Hitze schienen ihnen etwas anhaben zu können. Anscheinend hatten sich die Palmen im Lauf der Zeit besser an die extremen Witterungsverhältnisse angepasst als die Menschen.

Gegen vier Uhr kam er in der Wohnung an. Wie jemand, der auf der Flucht war, stürmte Niklas hinein, warf die Tür hinter sich zu und lehnte sich schwer atmend an die Wand. Seine blonden Locken standen in alle Himmelsrichtungen ab.

»Lustig da draußen, was?«, merkte Pedro ironisch an. Er war gerade in der Küche und hatte den dampfenden Wasserkocher in der Hand.

»An solchen Tagen ist selbst der Kaffee ungenießbar – bei dem Sturm hilft nur Kamillentee! Du siehst aus, als könntest du auch einen vertragen.«

Niklas nickte dankend und gesellte sich zu ihm an den kleinen Tisch.

»Wie lange bleibt das denn noch so?«, wollte er von Pedro wissen.

»Keine Ahnung. Minimum sind eigentlich immer drei Tage, oft fünf, manchmal sogar sechs. Das Meiste sollten wir also überstanden haben.«

»Und wie oft habt ihr hier den Levante?«

»So einen wie jetzt drei bis viermal im Jahr, zwischendurch gibt es aber auch noch schwächere Varianten.« Er reichte Niklas eine Tasse mit Kamillentee. »Bevor ich in Estepona gelandet bin, wollte ich eigentlich nach Tarifa ziehen. Du weißt schon, das Surf-Mekka direkt hinter der Meerenge zwischen Spanien und Afrika. Ein echt schöner Ort mit unglaublichen Stränden. Aber der Wind ... So wie heute bläst es da das halbe Jahr.«

»Das halbe Jahr?«, entgegnete Niklas entsetzt. »Wer soll das denn aushalten?«

»Tja, deswegen bin ich dort auch nicht hingezogen. Für ein paar Tage zu Besuch ist es dort wunderbar, aber dort zu leben geht nicht. Jedenfalls nicht für mich.

Und für andere auch nicht: Tarifa hat eine der höchsten Selbstmordraten in Spanien.«

»Wirklich?«

Pedro nickte langsam.

»Mich wundert das überhaupt nicht. Natürlich gibt es Leute, die besser mit dem Wind klarkommen als andere, aber viele reagieren äußerst empfindlich. Und wenn du empfindlich bist, was Wind angeht, dann ist Tarifa der falsche Ort für dich. Da stürmt es manchmal zehn Tage lang, ununterbrochen! Die Menschen treibt das in den Wahnsinn, sie werden verrückt und nageln dann aus lauter Verzweiflung Bretter vor die Fenster oder suchen Schutz in ihren Autos. Doch es hilft alles nichts, denn es gibt kein Versteck: Der Wind findet dich, wo immer du auch bist.«

Niklas trank einen Schluck von dem heißen Tee und lehnte seinen Kopf gegen das Fenster. Dabei wanderte sein Blick in Richtung Wohnzimmer. Erst jetzt fiel ihm auf, dass die großen Kartons mit den Solarplatten verschwunden waren und ebenso das ganze Gerümpel aus der Garage. Außerdem war das Wohnzimmer picobello aufgeräumt und sogar der Boden war frisch gewischt. Niklas drehte sich zu Pedro um und blickte ihn staunend an.

»Wann habt ihr das denn gemacht?«

»Heute Morgen, als du weg warst«, sagte Pedro mit einem Grinsen. »Ich habe eine neue Garage gefunden und dann haben Khadim und ich gleich die ganze Wohnung in Ordnung gebracht.«

»Einfach so?«, wollte Niklas erstaunt wissen.

»Na ja ... einfach so nicht.« Er zögerte kurz. »Ich weiß es auch erst seit gestern, deswegen habe ich es dir noch nicht erzählt: Wir bekommen einen neuen Mitbewohner.«

Niklas zog fragend die Augenbrauen hoch.

»Um genau zu sein, eine neue Mitbewohnerin«, ergänzte Pedro.

»Aha!«

Er hätte sich auch gewundert, wenn die beiden Chaoten alles einfach nur zum Spaß aufgeräumt hätten. Während er immer noch perplex auf den glänzenden Boden starrte, kam Khadim schlurfend in die Küche und machte sich ebenfalls einen Tee.

»Und wann zieht die Neue ein?«, erkundigte sich Niklas. Pedro wollte gerade antworten, da klopfte es an der Tür. Niklas schaute erst ihn an, dann Khadim, dann wieder Pedro.

»Das wird sie wohl sein«, grinste Pedro und ging los, um ihr zu öffnen.

Kurz darauf stand eine bildhübsche Frau vor ihnen. Sie hatte lange schwarze Haare, funkelnde Augen und war ungefähr Ende zwanzig.

»Hi, ich bin Eva«, stellte sie sich mit einem strahlenden Lächeln vor.

Für einen winzigen Augenblick war es still – allen drei Männern hatte es die Sprache verschlagen.

»Ich bin Khadim.« Der Senegalese war der erste, der sich berappelte.

»Und ich bin Niklas.«

Sie begrüßten die neue Mitbewohnerin mit zwei Küssen auf die Wange, so, wie es in Spanien üblich ist. In Deutschland hätte man sich mit einem Sicherheitsabstand von mindestens einem halben Meter nüchtern die Hand gegeben. Niklas war gerade heilfroh, dass er nicht in Deutschland war.

»Lass dein Gepäck ruhig hier stehen, ich zeige dir die Wohnung«, meldete sich nun Pedro zu Wort. Zusammen ging er mit ihr ins Wohnzimmer und machte sich daran, ihr jeden Lichtschalter und jedes noch so unbedeutende Detail genau zu erklären. Niklas musste an seine eigene kurze Wohnungseinführung denken. Aber Niklas war eben keine hübsche Frau.

Wenig später verschwand Pedro mit Eva im Flur und führte sie zu ihrem Zimmer. Niklas wandte sich neugierig an Khadim.

»Weißt du irgendetwas über sie?«

»Nicht viel«, entgegnete dieser. »Sie kommt aus Ungarn und ist hier, weil sie den Sommer in einer Strandbar kellnern wird. Ich glaube, sie fängt bereits nächste Woche in ihrem Job an. Mehr hat Pedro mir auch nicht erzählt. Ach, und sie sieht sehr gut aus.«

Niklas warf ihm einen ironischen Blick zu.

»Danke, das hab ich selbst auch schon gemerkt.«

Einen Moment schauten sie sich schweigend an. Dann füllten sie ihre Teetassen mit heißem Wasser auf und schlichen jeder für sich mit einem zufriedenen Lächeln davon. Beide wussten, dass Pedro gerade alles daran setzte, sich bei der neuen Mitbewohnerin einen Sympathievorsprung zu erarbeiten. Aber sie wussten auch, dass dieser Vorsprung leicht aufgeholt werden konnte.

In seinem Zimmer angekommen, ließ sich Niklas rückwärts aufs Bett fallen und schloss die Augen. Draußen tobte der Levante weiter. Er rauschte und zischte und wirbelte alles wild durcheinander – nichts war vor ihm sicher, weder Sand, Sonnenschirme, noch Gedanken. Wie lange er noch anhalten und sein Unheil verbreiten würde, konnte niemand sagen. Doch trotz allen Wahnsinns, den er mit sich brachte, hatte der stürmische Ostwind letzten Endes auch etwas Gutes. Etwas

Reinigendes und Frisches: Er hatte eine schöne Ungarin herbeigeweht und nebenbei dafür gesorgt, dass Ordnung in die WG Einzug hielt.

Früh am nächsten Morgen machte sich Niklas auf zu Señor Gonzalez. Er hatte gut geschlafen und eigentlich hatte der Tag auch prima angefangen: Die aufgeräumte Wohnung war eine willkommene Abwechslung gewesen und beim Frühstück in der Küche war er Eva begegnet und hatte sich eine Weile mit ihr unterhalten. Sie sah nicht nur unglaublich gut aus, sondern war dazu auch noch äußerst sympathisch. Doch trotz Ordnung und ungarischer Schönheit fühlte er sich nicht wohl. Schuld war der Levante, der mittlerweile den fünften Tag hintereinander wehte. Seine Intensität hatte zwar leicht abgenommen, aber er war immer noch stark genug, um Unruhe zu erzeugen. Und je länger er anhielt, desto mehr verlagerte sich die Unruhe ins Innere der Menschen. Niklas spürte eine enorme Ruhelosigkeit, er war nervös und aufgewühlt und wusste nicht recht, was er mit sich anfangen sollte. Er dachte an seine Zukunft, wie es wohl mit ihm weitergehen würde. Sorgen kamen auf – was, wenn er keinen neuen Job fand? Oder schlimmer noch, was, wenn er keinen Job fand, der ihn glücklich machte?

Als er bei dem alten Bauern ankam, merkte dieser sofort, dass mit Niklas etwas nicht stimmte.

»Was ist los?«

Niklas zuckte mit den Schultern.

»Ich glaube, der Wind macht mich einfach fertig.«

Señor Gonzalez nickte verständnisvoll.

»Zu viele Gedanken, nicht wahr?«

»Ja, zu viele Gedanken«, bestätigte Niklas.

Wieder nickte der alte Andalusier.

»Das Schlimmste, was du beim Levante machen kannst, ist, gegen ihn anzukämpfen. Es ist deswegen das Schlimmste, weil es völlig zwecklos ist. Denn egal, wie sehr du dich anstrengst und wehrst, du kannst nicht gewinnen. Der Wind ist immer stärker!«

Er hielt einen Moment inne.

»Es ist die Kraft der Natur. Sie hat immer noch unbegrenzte Macht über uns Menschen, auch wenn wir Menschen das nicht wahrhaben wollen.«

»Und was schlägst du vor, das ich machen soll?«, wollte Niklas wissen.

»Lass dich treiben! Wenn deine Gedanken umherfliegen wollen, dann lass sie fliegen.«

»Das ist aber nicht sehr angenehm«, erwiderte Niklas. »Es ist, als hätte ich einen Haufen aufgescheuchter Vögel im Kopf, die wild durcheinander piepen.«

»Die beruhigen sich schon, die Vögel. Versuche, ihnen nicht so viel Aufmerksamkeit zu schenken.«

»Das ist aber leider nicht so einfach.«

Señor Gonzalez stutzte.

»Doch, eigentlich ist das ganz einfach. Du musst deine Aufmerksamkeit nur auf etwas anderes lenken.« Er schaute kurz zum anderen Ende des Gartens, dann wieder zu Niklas. »Wenn du willst, kannst du da vorne ein Loch schaufeln. Ein Freund von mir arbeitet auf einer Baustelle und hat dort einen alten Olivenbaum vor dem Tod gerettet. Nächste Woche bringt er ihn mir und dafür brauche ich ein großes Loch.«

Er grinste Niklas an.

»Physische Betätigung ist die beste Medizin gegen wirre Gedanken!«

Niklas grinste zurück.

»Weißt du«, fuhr Señor Gonzalez fort, »viele Leute versuchen, vor dem Wind zu flüchten und sich irgendwo zu verbarrikadieren. Aber das funktioniert nicht. Wenn der Wind wild und rastlos weht, dann ist es das Beste, sich selbst auch zu bewegen. Und wenn im Sommer die Sonne brennt und die Hitze in der Luft steht, dann ist es das Beste, nichts zu tun.«

»So einfach ist das?«

»Ja, so einfach ist das. Aber probier es selbst aus.«

Er machte einen Schritt zum Zaun, griff nach einer großen Schaufel und reichte sie Niklas.

»Hier. Je tiefer, desto besser.«

Niklas nahm die Schaufel entgegen und ließ sich von Señor Gonzalez zeigen, wo genau er das Loch haben wollte. Dann begann er zu graben, unentwegt und voller Eifer.

Zwei Stunden später war er fertig. Sein T-Shirt war komplett durchgeschwitzt und an beiden Händen hatte er Blasen, aber Señor Gonzalez hatte recht behalten: Die Unruhe in seinem Inneren hatte sich gelegt. Niklas atmete ein paar Mal tief durch, legte die Schaufel zur Seite und setzte sich stolz auf den großen Erdhaufen, den er geschaffen hatte.

Sein Blick wanderte in Richtung Eingangstor. Señor Gonzalez stand dort in seiner dreckigen Arbeitskleidung und diskutierte mit einem Mann, der ein weißes Hemd, eine graue Stoffhose und glänzende Schuhe trug. Er hatte einen sehr ernsten Gesichtsausdruck und sah nicht wie jemand aus, der Gemüse kaufen wollte. Niklas beobachtete die beiden und versuchte, etwas von dem Gespräch mitzubekommen. Der Wind war allerdings zu laut und außerdem sprach der fremde Mann so schnell, dass der Deutsche nur wenige Wortfetzen aufschnappen konnte – *venta* hörte er einige Male, und *ilegal*. Einige Minuten vergingen, dann drehte sich der Mann um, stieg in sein Auto und fuhr davon. Kurz darauf kam Señor Gonzalez zu Niklas rüber.

»Wunderbar!«, lobte er den Städter, als er das Loch sah.

»Und, hat sich der Gedankensturm etwas beruhigt?«

»Ja, es geht mir viel besser!«, bedankte sich Niklas.

Der alte Bauer klopfte ihm väterlich auf die Schulter und setzte sich neben ihn auf den Erdhaufen. Dann stieß er einen leisen Seufzer aus und starrte in das tiefe Loch. Dieses Mal war es Niklas, der merkte, dass etwas nicht stimmte.

»Was wollte der Mann?«, erkundigte er sich.

Für einige Momente war ein Kopfschütteln alles, was er als Antwort bekam.

»Es war ein Beamter von der Stadt«, begann Señor Gonzalez schließlich zu erzählen. »Er hat mich darauf hingewiesen, dass es verboten ist, hier Gemüse zu verkaufen.«

»Aber du machst das doch schon seit langer Zeit, oder?«, unterbrach ihn Niklas.

»Ja, natürlich. Seit sechzig Jahren. Aber das ist ihm egal. Angeblich gibt es ein neues Gesetz, das den Gemüseverkauf auf Privatgrundstücken verbietet.«

»Und was sollst du stattdessen machen?«

»An den großen Supermarkt oder an eine Kooperative verkaufen. Aber die zahlen beide so wenig, das lohnt sich für mich nicht. Es ist schon schwierig genug, von normalen Kunden für natürliche Produkte einen angemessenen Preis zu erhalten. Du hast das ja neulich selbst erlebt. Die Großhändler haben dafür noch weniger Verständnis, für sie muss alles so billig wie möglich sein.«

»Und was passiert, wenn du seinen Hinweis igno-rierst?«

»Er meint, wenn ich nicht damit aufhöre, bekomme ich eine Anzeige. Aber er war vor einigen Monaten schon einmal hier und hat mir dasselbe gesagt, und seitdem habe ich keine Anzeige bekommen. Also mache ich einfach weiter. Was soll ich auch sonst tun? Von ir-gendetwas muss ich schließlich leben.«

Señor Gonzalez hob einen kleinen Stein auf und warf ihn in das Loch.

»Mag sein, dass es ein neues Gesetz gibt«, fuhr er fort, »aber ich glaube, der wahre Grund für das Verbot ist, dass sie mich von meinem Land vertreiben wollen. Vor einem Jahr ist ein reicher Geschäftsmann bei mir ge-wesen und hat mir eine große Summe Geld für mein Land geboten. Die würden hier gerne einen weiteren Golfplatz bauen und noch mehr Villen für die Touris-ten. Ich habe ihm gesagt, dass ich mein Land nicht verkaufen möchte. Kurz danach wurde mir mitgeteilt, dass ich kein Gemüse mehr verkaufen darf.«

Er zog zweifelnd die Augenbrauen hoch.

»Was für ein Zufall, oder?«

Niklas stimmte ihm nickend zu. Nein, das war bestimmt kein Zufall. Und wahrscheinlich war der Geschäftsmann noch nicht einmal reich. Niklas hatte lange genug in der Bank gearbeitet, um zu wissen, wie die Dinge ablaufen. Es spielt nur eine untergeordnete Rolle, ob jemand reich ist oder nicht – schneller und größtmöglicher Profit ist fast immer das oberste Kriterium! Folglich ist es weit-aus schwieriger, einen Kredit für eine kleine Biofarm zu bekommen als für einen neuen Golfplatz.

Eine heftige Böe fegte über ihre Köpfe hinweg. Niklas spürte, wie Wut in ihm aufstieg. Er war kurz davor, sich lauthals über die ungerechte Welt zu beklagen, als der alte Bauer plötzlich mit ruhiger Stimme weitersprach. Er schien seine Gedanken lesen zu können.

»Aber es bringt ja nichts, sich aufzuregen. Und es ist auch völlig sinnlos, sich über die Zukunft Sorgen zu machen. Die ganze Zeit zu überlegen, wohin der Weg wohl führen wird und was alles Schreckliches passieren könnte, das raubt doch nur Kraft. Und genau diese Kraft fehlt dir dann, um dich auf das zu konzentrieren, was du heute machst.«

Niklas wollte widersprechen, weil es sich viel zu einfach anhörte. Doch wahrscheinlich war es genau das: einfach. Nur die Umsetzung schien schwierig.

»Früher oder später wird sich alles ändern, so viel steht fest«, fuhr Señor Gonzalez fort. »Doch ob dies oder jenes geschehen wird, ob es besser oder schlechter wird und wann es passieren wird – das werden wir dann alles sehen. Bis es soweit ist, gibt es jedenfalls Sinnvolleres zu tun, als sich zu sorgen und aufzuregen.«

Er hielt einen Moment inne und lächelte.

»Schau doch nur das schöne Loch an, das du gegraben hast. Bald wird an dieser Stelle ein Olivenbaum stehen. Ist das nicht wunderbar?«

Damals und heute

Am nächsten Tag hörte der Wind endlich auf. Die Erleichterung war wie mit Händen greifbar, Niklas fühlte sich regelrecht befreit. Und nicht nur er, das ganze Dorf atmete auf.

Um die zurückgekehrte Ruhe zu feiern, verbrachte er mit seinen Mitbewohnern das ganze Wochenende am Strand. Sie schwammen im Meer, spielten Frisbee und Volleyball und lagen faul im Sand. Außerdem gaben die drei Männer ihr Bestes, um bei Eva zu punkten: Niklas schwärmte ihr von Budapest vor, ihrem Geburtsort und eine der schönsten Städte, die er je besucht hatte; Pedro hatte seine Gitarre mitgenommen und sang spanische Liebeslieder; Khadim verschwand für eine gefühlte Ewigkeit unter Wasser und kam stolz mit einem Tintenfisch fürs Abendessen zurück. Und Eva? Sie genoss die Aufmerksamkeit, die ihr entgegen gebracht wurde. Punkte verteilte sie jedoch keine.

Zu Beginn der neuen Woche kehrte dann wieder Normalität ein. Pedro und Khadim hatten einige große Aufträge und waren die meiste Zeit unterwegs. Eva fing ihren Job an und war ebenfalls selten zu Hause – für Niklas gab es somit keinen Grund, in der Wohnung zu bleiben. Stattdessen ging er täglich zu seinem neuen Lieblingsort: dem Garten von Señor Gonzalez! Stundenlang wühlte er mit den Händen in der Erde und unterhielt sich mit dem alten Bauern, dessen Sicht auf das Leben ihn immer wieder inspirierte.

Bisher hatte Niklas in Andalusien nur Sonne und Wind kennengelernt. In der zweiten Maiwoche zogen dann dunkle Wolken am Himmel auf. Zuerst ignorierte er sie und konzentrierte sich weiter darauf, eines der Tomatenbeete vom Unkraut zu befreien. Doch schon bald fielen die ersten Tropfen auf den Boden und wenig später setzte kräftiger Regen ein. Niklas blickte auf und sah Señor Gonzalez, der bereits unter dem kleinen Vordach vom Schuppen Zuflucht gesucht hatte und ihn mit einer schnellen Handbewegung zu sich rüber winkte. Er sprang auf und rannte ebenfalls ins Trockene.

Der Regen prasselte auf das Wellblechdach und binnen weniger Minuten bildeten sich die ersten Pfützen im Garten. Niklas hatte seit dem Tag seiner Entlassung nicht mehr so ein Wetter erlebt. Wenn er ehrlich war, hatte er den Regen auch nicht vermisst. Bei Señor Gonzalez sah die Sache allerdings ganz anders aus. Er strahlte übers ganze Gesicht.

»Endlich, Wasser!«, rief er begeistert. Dann ließ er sich auf der wackeligen Holzbank nieder, die vor dem Schuppen stand, und wandte sich zu Niklas. »Du weißt nicht, wie gut das der Erde tut. Und den Pflanzen erst! Schau ihn dir doch bloß an, den Regen: Ist er nicht herrlich?«

Niklas zuckte etwas gleichgültig mit den Schultern und setzte sich ebenfalls auf die Bank.

»Ein wahrhaftiges Geschenk des Himmels!«, ergänzte Señor Gonzalez euphorisch.

Staunend schaute ihn der junge Deutsche an. Aber beim Wetter war es wohl wie bei vielen anderen Dingen im Leben auch: Es war alles eine Frage der Perspektive. Ein Tourist aus dem Norden freut sich über permanenten Sonnenschein, ein Segler über Wind, ein Skifahrer über Schnee und ein andalusischer Bauer eben über Regen.

Eine Weile saßen sie schweigend da, lauschten den herabfallenden Tropfen und beobachteten, wie die Pfützen immer größer wurden.

»Wie war eigentlich das Leben hier, als du noch ein Junge warst?«, wollte Niklas wissen. »Früher, vor siebzig Jahren oder so.«

Señor Gonzalez atmete einmal lange aus. Man konnte ihm förmlich dabei zusehen, wie seine Gedanken in der Zeit zurückspulten.

»Es war ... hart! Überall herrschte Elend, das kannst du dir gar nicht vorstellen.«

Niklas schaute ihn überrascht an. Er hatte gedacht, dass das Leben damals viel idyllischer und friedlicher gewesen war.

»Als Kind hatte ich immer Hunger. Jeden Tag!«

»Warum gab es denn kein Essen?«, fragte Niklas leicht naiv.

»Es war kurz nach dem Krieg, Land und Wirtschaft waren total ruiniert. Das Einzige, was wir hatten, war etwas Gemüse aus unseren Gärten und etwas Fisch aus dem Meer. Aber oft reichte das nicht. Ich weiß noch, dass der Hunger manchmal so schlimm war, dass ich Grashalme gegessen habe.«

»Du hast Grashalme gegessen?«

»Genau. Und für über ein Jahr habe ich auf einem Haufen Heu geschlafen, weil meine Eltern kein Geld für ein Bett hatten. Ich habe gelebt wie eine Kuh!«

Er lachte, allerdings nur kurz.

»So schlimm war es?«, entgegnete Niklas mitfühlend.

»Ja, und noch viel schlimmer. Es gab kein Essen und

auch keine Sicherheit. Der *Franquismo* hatte ganz Spanien tief gespalten. Auf der einen Seite gab es die Guardia Civil, die Militärpolizei von General Franco, dem kaltblütigen Diktator. Wenn sich die Polizisten von weitem näherten, begann jeder zu zittern. Sie streunten umher und prügelten willkürlich auf unschuldige Leute ein, entweder um einfach nur ihre Macht zu demonstrieren oder um etwas in ihren Besitz zu bringen. Sie klauten sich Essen und Werkzeuge und sogar Häuser!«

Niklas sah ihn mit offenem Mund an.

»Wie meinst du das, Häuser?«

»So wie ich es gesagt habe. Wenn sie ein Haus haben wollten, vertrieben sie die Eigentümer aus ihren eigenen vier Wänden und drohten, sie umzubringen, falls sie sich wehren oder beschweren sollten.«

Er nickte seinem jungen Helfer zu, um seine Worte noch einmal zu unterstreichen.

»Auf der anderen Seite gab es die *Rojos*«, fuhr er fort. »Das waren die linken Rebellen, die sich in den Bergen versteckten und ebenfalls viel Unheil anrichteten. Entweder wurdest du also von den Linken verprügelt oder von den Rechten. Oder wenn du Pech hattest von beiden.«

»Hast du je mitbekommen, wie jemand geschlagen oder sogar umgebracht wurde?«

»Schläge ja, viele! Wie jemand getötet wurde habe ich zum Glück nie gesehen, aber ich wusste, dass es passierte.«

Der alte Bauer versank einen Moment in seinen traurigen Erinnerungen.

»Alle hatten ständig Angst. Angst und Hunger. Es war keine lustige Zeit, das kannst du mir glauben.«

Señor Gonzalez nahm seine Mütze ab und fuhr mit den Fingern durch die wenigen grauen Haare, die er noch hatte. Dann schüttelte er den Kopf.

»Was ich erlebt habe ... Fast alle waren bitterarm und selbst diejenigen, die etwas Geld hatten, konnten sich fast nichts kaufen. In den wenigen kleinen Läden gab es nur Reis, Nudeln und trockene Kekse, die nicht schmeckten. Wenn du etwas Besonderes haben wolltest, musstest du einen hohen Preis auf dem Schwarzmarkt bezahlen. Schokolade und Zucker mussten zum Beispiel nachts hierher geschmuggelt werden.«

»Ihr habt tatsächlich Schokolade und Zucker geschmuggelt?«, fragte Niklas ungläubig.

»Und Kaffee und Tee und all solche Sachen. Aber davon habe ich selbst nie etwas bekommen. Das erste Mal, als ich Schokolade gegessen habe, da war ich sechzehn.«

Niklas schluckte. Heutzutage verbrachten selbst Kindergartenkinder kaum einen Tag ohne irgendeine Süßigkeit.

»Warst du in der Schule?«, wollte er nach einer kurzen Pause wissen.

»Ja, aber nicht lange. Und wenn ich da war, bin ich oft vor Erschöpfung eingeschlafen. Ich weiß noch, wie einer meiner Lehrer immer zu den anderen meinte, ›lasst den Jungen schlafen, der ist völlig fertig vom Arbeiten‹.«

»Vom Arbeiten?«

Der alte Bauer nickte.

»Mit fünf hat mein Vater mir meine erste kleine Schaufel gegeben, von da an hab ich beim Gemüseanbau mitgeholfen. Der Garten war schließlich die einzige Hoffnung, die wir hatten, damit unsere Familie überlebt. Die Schule war nicht so wichtig.«

»Wann hast du denn aufgehört, zur Schule zu gehen?«

»Mit acht.«

Beide starrten sich einen Moment an.

»*Hay que ver!*«, sagte Señor Gonzalez schließlich, so, wie er es oft tat. »Das muss man sich mal vorstellen!«

»Und wie war das Verhältnis zu deinen Eltern?«

»Besser als bei anderen Familien, aber auch meine Eltern waren streng. Wenn ich etwas falsch gemacht hatte, gab es direkt Ohrfeigen. Und in der Schule ebenfalls. Es war auch nicht unüblich, dass Kinder von ihren Vätern mit Gegenständen beworfen wurden, wenn sie nicht gehorchten oder ungefragt den Mund aufmachten. Die Gewalt, die im Land herrschte, existierte auch in den Familien.«

Wieder tauchte er in ferne Gedanken ab.

»So viel Gewalt. Traurig, nicht wahr?«

Stille. Nur der prasselnde Regen war zu hören.

Niklas hatte weder Hunger noch Krieg oder häusliche Gewalt am eigenen Leib erfahren müssen. Er war dreizehn Jahre in die Schule gegangen und hatte immer ein bequemes Bett zum Schlafen gehabt. Das erste Mal gearbeitet hatte er, als er fünfzehn war. Wobei das auch lediglich ein Nebenjob gewesen war, zwei Mal die Woche für ein paar Stunden Zeitungen austragen – kein Vergleich zu dem, was Señor Gonzalez in dem Alter schon leisten musste. Wahrscheinlich hatte Niklas noch nie in seinem Leben so hart und schwer wie der alte Bauer arbeiten müssen. Zwei Leben, die unterschiedlicher kaum sein konnten. Wohin sie damals in Urlaub gefahren sind, diese Frage schenkte sich Niklas lieber.

»Gibt es denn auch etwas Positives, wenn du zurückblickst?«

Señor Gonzalez starrte nachdenklich und mit ernstem Gesicht geradeaus. Dann begann er auf einmal zu lächeln.

»Ja, der Verkehr«, sagte er. »Es gab keinen! Fast niemand hatte ein Auto und die wenigen Straßen waren Schotterpisten, auf denen nur Menschen und Tiere unterwegs waren.«

»Hattet ihr auch keine Fahrräder?«

»Nein, keine Fahrräder. Nichts. Nur alle vier bis fünf Tage fuhr ein klappriger kleiner Bus von Málaga nach La Línea, aber der war sowieso immer voll und hatte auch regelmäßig einen Platten. Wenn jemand seine Zwiebeln auf dem Markt in La Línea verkaufen wollte, musste er mit dem bepackten Esel die ganze Nacht durchmarschieren, um am nächsten Morgen dort zu sein. Heute dauert dieselbe Strecke mit dem Auto eine halbe Stunde. *Hay que ver!*«

Er griff neben sich und kramte aus einer Truhe eine Packung Sonnenblumenkerne raus. Er bot Niklas welche an, dieser lehnte jedoch dankend ab.

»Heute gibt es so viele Autos und Busse und Lastwagen«, fuhr Señor Gonzalez fort, »das ist doch der reinste Wahnsinn! Die Menschen bringen sich nicht mehr im Krieg um, sondern im Straßenverkehr. Und gestresst sind sie auch, weil sie überall so schnell wie möglich hin wollen. Wie ein aufgescheuchter Ameisenhaufen, ist das nicht verrückt?«

Nachdenklich stimmte ihm Niklas zu. Die ach so zivilisierte Menschheit hatte sich tatsächlich in einen aufgescheuchten Ameisenhaufen verwandelt.

»Früher hatten wir mehr Zeit, um irgendwo anzukommen. Und weil alle überall hin zu Fuß gingen, waren auch alle viel gesünder. Nicht so wie heute, wo die meisten Leute den ganzen Tag auf dem Sofa oder im Büro sitzen und einrosten.«

Señor Gonzalez nahm einen langen, tiefen Atemzug. »Da es keine Autos gab, war die Luft auch viel sauberer. Und das Essen! Niemand sprühte Gift auf die Felder, alles war ... wie heißt das noch? Bio. Alles war Bio.«

Niklas schmunzelte. Wieder mal hatte der alte Bauer recht: ›Bio‹ wird überall als etwas Neues vermarktet, dabei ist es viel älter als das, was in der modernen Welt als ›herkömmlich‹ und ›konventionell‹ bezeichnet wird.

»Ich war neulich beim Arzt. Weißt du, was er mir gesagt hat?«

»Was?«

»Dass er noch nie jemanden gesehen hat, der in meinem Alter so gesund ist. Und dass ich mindestens einhundert Jahre alt werde. Mir ist es eigentlich egal, wie alt ich werde, aber stell dir das doch mal vor: Hundert Jahre – ganz ohne medizinische Hilfe, nur mit gesundem Essen. Und mit viel guter Arbeit, denn gute Arbeit ist ebenfalls gesund!«

»Was ist denn für dich gute Arbeit?«, hakte Niklas nach.

Señor Gonzalez überlegte einen Moment.

»Arbeit, bei der du dich bewegst und die du gerne machst. Und mit der du etwas Sinnvolles tust.«

Niklas seufzte. Sein Job bei der Bank hatte kein einziges dieser Kriterien erfüllt.

»Es war ein ganz anderes Leben, als ich klein war«, fuhr Señor Gonzalez fort. »Früher gab es zum Beispiel auch kein Fernsehen und kein Telefon, und Internet sowieso nicht. All dieses Zeug macht doch nur krank. Und Mikrowellen erst!«

»Guckst du denn nie fern?«, wunderte sich Niklas.

»Nein, will ich auch nicht. Ich höre gerne Radio.«

Er griff wieder nach der Tüte mit den Sonnenblumen-
kernen und ließ einige in seine Hand rieseln. Es reg-
nete immer noch in Strömen. Sie schwiegen.

»Das Beste in der damaligen Zeit war aber etwas ganz
anderes«, sagte der alte Bauer nach einer Weile. Auf
einmal leuchteten seine Augen auf und er begann, leise
von der Vergangenheit zu träumen.

»Früher haben hier alle Nachbarn zusammengehalten.
Es gab zwar kaum Geld und nur wenig Essen, aber in
der Nachbarschaft haben wir alle Probleme gemeinsam
gelöst. Alle halfen sich gegenseitig, so gut es eben ging.
Es war nicht einfach, sicher nicht, aber niemand wurde
alleine gelassen und alles wurde geteilt.«

Er lächelte noch einen Moment sehnsüchtig, dann
verschwand das Leuchten in seinen Augen genauso
schnell, wie es gekommen war.

»Als in den sechziger Jahren der Tourismus hier an der
Küste Einzug hielt, brachte er zuerst große Verbesse-
rungen mit sich. Er vertrieb den Hunger und machte
viele Leute reich. Aber mit dem Geld kam leider auch
der Neid und die Menschen wurden immer egoisti-
scher. Plötzlich wurde nicht mehr geteilt und überall
wurden immer höhere Zäune und Mauern errichtet.
Die Armut, wie es sie früher gegeben hatte, war zwar
besiegt, aber die Gemeinschaft hatte verloren. Mittlerweile haben viele Leute noch nicht einmal den An-
stand, sich freundlich zu grüßen. Von gegenseitiger
Hilfe ganz zu schweigen.«

Er hielt kurz inne und schüttelte verständnislos den Kopf.

»Und dazu kommt dann noch die ungesunde Lebensweise. Die Menschen vergiften sich mit ihrem Essen

und ihren Autos und ihren Bürojobs, und viele überleben nur noch mit Hilfe von irgendwelchen Pillen.«
Wieder schüttelte Señor Gonzalez den Kopf. Sorge und
Traurigkeit füllten sein Gesicht.
»Wo soll das bloß hinführen?«, fragte er ins Nichts,
bevor er selbst antwortete: »Ich weiß es nicht. Und ich
glaube, ich möchte es auch nicht wissen.«

Die graue Wolkendecke hielt sich den ganzen Tag über.
Als gegen fünf Uhr der Regen eine kurze Pause ein-
legte, beschloss Niklas, sich zu verabschieden und nach
Hause zu gehen. Alles war total durchnässt, sie würden
an diesem Nachmittag sowieso nichts mehr im Garten
machen können.
Auf dem Rückweg dachte er über das Gespräch mit
dem alten Bauern nach. Auch nachdem er in der WG
angekommen war, blieb er tief in Gedanken versun-
ken.
»Alles klar?«, erkundigte sich Pedro, als er seinen Mitbewohner in der Küche antraf. Niklas stand geistes-
abwesend vor dem kleinen Tisch und starrte aus dem
Fenster. Erst nach einigen Augenblicken drehte er sich
langsam um.
»Ja, alles in Ordnung. Ich hatte nur eine längere Un-
terhaltung mit Señor Gonzalez.«
Pedro grinste.
»Der alte Kerl kann einen ganz schön zum Nachdenken
bringen, was?«
»In der Tat. Aber normalerweise redet er sehr positiv
über die Welt und das Leben, oder zumindest zieht er
immer eine positive Schlussfolgerung. Bisher hat er
am Ende immer gelächelt.«
Er hielt einen Moment inne.

»Heute war es anders. Heute habe ich ihn das erste Mal richtig traurig gesehen.«

Niklas erzählte Pedro von den Zuständen, in denen Señor Gonzalez aufgewachsen war, von dem Hunger und der Angst, von all der Gewalt. Und von dem düsteren Ausblick auf die Zukunft, den ihm der alte Bauer vermittelt hatte. Von giftigem Essen und von krankmachenden Jobs. ›Wo soll das bloß hinführen?‹, hatte sich Señor Gonzalez besorgt gefragt.

Pedro hörte aufmerksam zu. Immer wieder nickte er, als hätte er dieselben Worte auch schon gehört. Als Niklas zu Ende geredet hatte, nahm sich Pedro ein Glas Wasser und trank es in einem Zug aus. Dann wandte er sich wieder zu Niklas.

»Komm, ich zeig dir, wo es hinführt.«

Niklas guckte ihn verdutzt an.

»Na los«, sagte Pedro. Er holte zwei große Taschen unter dem Tisch hervor und machte sich auf zur Tür.

»Wo gehen wir denn hin?«, fragte Niklas nichtsahnend.

»Das wirst du schon sehen.«

Niklas zuckte mit den Schultern und folgte ihm. Sie überquerten den Innenhof, vorbei an dem Zitronenbaum und durch den Torbogen hinaus auf die Straße. Draußen stiegen sie in Pedros Auto und fuhren los.

»Willst du mir immer noch nicht sagen, was wir machen?«, hakte Niklas nach, während sie an einem großen Kreisverkehr in Richtung Osten abbogen.

Pedro zögerte kurz.

»Wir gehen einkaufen.«

Niklas starrte ihn irritiert an.

»Wolltest du mir nicht zeigen, wie es mit der Welt weitergeht?«

»Doch. Deswegen gehen wir ja einkaufen.«

»Aber ...«, wollte Niklas erneut nachfragen, doch dieses Mal ließ Pedro ihn nicht ausreden. Er begann zu erzählen.

»Ich kenne Señor Gonzalez seit einigen Jahren, weil ich bei ihm Kartoffeln und Zwiebeln kaufe. Das meiste andere, was ich fürs tägliche Leben brauche, kaufe ich in einem kleinen Bioladen im Ort. Oder im Araber-Viertel. Gelegentlich muss ich aber auch in den großen Supermarkt, für so Sachen wie Bier und Gin und Klopapier. Und weißt du was? Ich hasse den großen Supermarkt! Jedes Mal, wenn ich da wieder raus bin, mach ich drei Kreuze. Wirklich! Für mich ist das ein Ort, der einfach nur grausam ist und genau zeigt, was mit der Welt nicht stimmt.«

Pedro setzte den Blinker und fuhr nach rechts auf einen riesigen Parkplatz.

»Wenn du verstehen willst, warum die Zukunft nicht gut aussieht, musst du nur in einen großen Supermarkt gehen. Und zwar ohne etwas zu kaufen! Nur umhergehen und beobachten.«

Er steuerte auf eine freie Parkbucht zu und stellte den Wagen ab.

»Hier wären wir: willkommen in der Hölle!«

Niklas musste lachen. Wie sehr die Spanier doch ihr Drama liebten.

Beide stiegen aus und Pedro holte die beiden Taschen aus dem Kofferraum. Dann gingen sie gemeinsam in Richtung Eingang.

»Das ist das erste Problem«, begann Pedro und zeigte auf den vollen Parkplatz. »In der Regel fahren die Leute mit dem Auto zum Supermarkt. Warum? Weil sie so viel Schrott kaufen, den sie dann irgendwie nach Hause transportieren müssen.«

»So wie wir«, fügte Niklas an.

»Genau. So wie wir.«

Sie gingen durch eine automatische Schiebetür und betraten eine riesige, mit grellen Lichtern und hohen Regalen ausgestattete Halle. Es war mit Abstand das größte Gebäude in ganz Estepona. Und das hässlichste.

»Hier hätten wir das zweite Problem: Ein großer Supermarkt ist nie schön! Wir verbringen also einen Teil unserer kostbaren Lebenszeit an einem Ort, der weder einladend noch in irgendeiner Weise wohltuend fürs Auge ist. Jetzt könntest du natürlich sagen, ›ach, ist ja nur ein Supermarkt‹, aber wieso soll ich an einem hässlichen Ort einkaufen gehen? Geht es nicht auch anders? Und außerdem passiert das nicht nur mit Geschäften so. Guck dir doch nur moderne Häuser und öffentliche Gebäude an: Früher wurde mit viel Liebe etwas Schönes gebaut, echte Kunstwerke, die jeder bestaunen konnte. Heute scheinen wir nur noch in monotoner Kastenform bauen zu können. Supermärkte, Banken, Wohnanlagen – überall stehen nur noch langweilige und hässliche Klötze herum und alles sieht gleich aus. Schrecklich! Und in den Städten ist es noch schlimmer.«

Niklas konnte nur nickend zustimmen. Es war in den Städten tatsächlich noch viel schlimmer.

»Wenn ein Supermarkt nur hässlich wäre, könnte man das ja noch verzeihen«, fuhr Pedro fort. »Aber ...«

Eine junge Frau in einem Minirock kam auf sie zu und begrüßte sie mit einem aufgesetzten Lächeln. In ihrer Hand hielt sie die Werbebroschüre für eine Kreditkarte. Bevor sie etwas sagen konnte, winkte Pedro dankend ab und zog Niklas einige Meter in den

Supermarkt hinein. Vor dem ersten Regal der Kosmetikabteilung blieben sie stehen.

»Mach mal die Augen zu«, sagte Pedro.

»Ich soll ...«

»Ja, mach einfach.«

Niklas schloss die Augen, auch wenn er sich dabei ein bisschen komisch vorkam.

»Was hörst du?«

Stimmen ertönten, erst aus der einen Richtung, dann aus der anderen und bald von überall her. Ein Einkaufswagen ratterte in der Nähe. Dann noch einer. Und noch einer. Ein schreiendes Kind, schnelle Schritte und furchtbar schlechte Musik im Hintergrund. Das Piepen der Kassen, das Rauschen der Lüftung, schrilles Quietschen und dumpfes Klopfen – es war ein heilloses Durcheinander.

Niklas öffnete wieder seine Augen.

»Okay, ich verstehe, was du meinst«, sagte er. »Die Geräuschkulisse ist genauso charmant wie das grelle Licht.«

»Den Lärm finde ich fast noch schlimmer«, entgegnete Pedro. »Eine totale Reizüberflutung!«

Er ging zu einer Reihe Einkaufswagen, schmiss eine Münze ein und nahm sich einen.

»Ich muss eben einige Sachen holen. Du kannst in der Zwischenzeit eine Runde drehen. Aber denk dran: nur beobachten, nichts kaufen!«

Pedro verschwand im Getümmel und ließ seinen Mitbewohner alleine zurück.

Niklas begann, den breiten Mittelgang entlang zu gehen. Er war noch nie ziellos durch einen Supermarkt spaziert. Menschen strömten an ihm vorbei, kreuzten seinen Weg und griffen alle paar Meter gierig in die vollen Regale. Er musste an die Worte von Señor Gonzalez denken: ein aufgescheuchter Ameisenhaufen. Besser hätte er es nicht beschreiben können.

Eine Palette mit reduzierten Colaflaschen versperrte ihm den Weg. Er blieb stehen und guckte zu, wie eine Frau mit zwei kleinen Kindern ihren Wagen vollpackte. Niklas zählte mit: achtzehn Flaschen.

Mit langsamen Schritten ging er weiter. Ein Typ in einem dunklen Anzug fuhr ihn fast um und schüttelte meckernd den Kopf, weil Niklas angeblich den Verkehr aufhielt. Zwei Teenager überholten ihn, der eine rechts, der andere links; eine Angestellte vom Supermarkt rannte ebenfalls an ihm vorbei, während sie hektisch in ein Walkie-Talkie sprach. Alle schienen es eilig zu haben, niemand hielt auch nur für einen winzigen Moment inne.

Er erreichte die Gemüseabteilung und blieb vor einem Berg mit Kartoffeln stehen. Auf einem Schild las er das Herkunftsland: Frankreich. 99 Cent das Kilo.

»Bei Señor Gonzalez kosten sie das Doppelte«, hörte er plötzlich Pedro sagen, der neben ihm aufgetaucht war. »Das musst du dir mal überlegen: Kartoffeln, die über tausend Kilometer gefahren werden müssen, kosten halb so viel wie Kartoffeln, die ein Bauer fünf Kilometer von hier anbaut. Ist das nicht pervers?«

Pedro schaute sich um.

»Fast alles, was du hier siehst, kommt von weit her. Abgesehen davon, dass durch die langen Transportwege jegliche Frische verloren geht und dass lokale Bauern ignoriert werden, ist es auch eine enorme Luftverschmutzung, weil Flugzeuge und Lastwagen das ganze Zeug hierher bringen müssen. Und damit wären wir beim Klimawandel, der durch dieses schwachsinnige Konsumverhalten völlig unnötig befeuert wird.«

Er guckte Niklas an.

»Neulich hatten sie hier Zitronen aus Peru. Zur gleichen Zeit verrotten in Estepona unzählige Zitronen auf dem Boden, weil den Bauern so wenig gezahlt wird, dass es sich für sie nicht lohnt, sie zu ernten. Kannst du mir mal bitte erklären, was daran ›zivilisiert‹ und ›fortschrittlich‹ ist?«

Niklas starrte auf den Kartoffelberg.

»Ich brauche noch zwei Dinge, dann bin ich fertig«, sagte Pedro. »Lass uns gleich an der Kasse treffen.«

Wieder verschwand er in der Menge. Niklas verharrte noch einen Moment bei den Kartoffeln, dann verließ er die Gemüseabteilung. Sein Blick fiel auf eine Frau, die hastig auf ihrem Handy tippte. Kurz darauf sah er, wie sie mit ihrem Einkaufswagen eine große Kühltruhe rammte. Ohne von ihrem Telefon aufzuschauen, machte sie einen Schritt zurück, dann schob sie den Wagen genauso blindlings weiter wie zuvor.

Er ging zwischen den Kühlregalen entlang. Wieder begann er zu zählen: sechsundzwanzig verschiedene Sorten Joghurt, acht Sorten geriebener Käse, drei Truhen gefüllt nur mit Tiefkühlpizza. Er fragte sich, wie sich die Menschen vor sechzig Jahren wohl gefühlt hätten, bei so einer Auswahl. Als Señor Gonzalez ein Junge gewesen war und gerade vor lauter Hunger mal wieder Grashalme gegessen hatte, was hätte er beim Anblick von sechsundzwanzig Sorten Joghurt wohl gedacht?

Niklas machte sich auf den Weg zur Kasse. Kurz bevor er ankam, hatte er noch eine Begegnung mit einem Pärchen mittleren Alters. Beide waren sichtlich übergewichtig und beide stopften Chipstüten in ihren bereits überquellenden Einkaufswagen. Dieses bizarre Bild sollte ihm noch lange im Gedächtnis bleiben. Es symbolisierte perfekt das Dilemma der modernen Gesellschaft: Der grenzenlose Überfluss macht die Menschen nicht glücklicher, sondern er macht sie krank!

Am Ende der langen Schlange vor dem Kassenbereich fand er Pedro.

»Ah, da bist du ja«, sagte dieser sogleich. »Hier, das will ich nicht kaufen, aber ich habe es dir zum Anschauen mitgebracht.«

Pedro hielt ihm eine Brotpackung unter die Nase.

»Das ist Weißbrot ohne Rinde. Keine Ahnung, wer das freiwillig essen soll, aber das ist ein anderes Thema. Guck dir die Verpackung an: Außen eine bunte Plastikhülle, und dann ist das Brot innen nochmal in Plastik eingeschweißt. Was soll das? Und an der Kasse gibt es noch eine Tüte obendrauf.«

Er packte die Packung wieder ins Regal.

»Dieser ganze Verpackungswahnsinn ist doch absurd«, sagte Pedro. »Plastik, überall Plastik! Irgendwann werden wir noch darin ersaufen.«

Die Schlange bewegte sich einige Meter nach vorne.

»Was meinst du, warum die Menschen fast nur noch im Supermarkt einkaufen?«, fragte Niklas nach kurzem Schweigen. »Ist es die riesige Auswahl? Oder weil es billiger ist als in einem kleinen Laden?«

»Beides spielt eine Rolle«, antworte Pedro. »Aber ich glaube, der Hauptgrund hat mit Bequemlichkeit zu tun. Du hast einen großen Parkplatz vor der Tür und alles, was du brauchst, an einem Ort. Dazu lange Öffnungszeiten und ständige Verfügbarkeit von allen Produkten. Da kann ein kleiner Laden nicht mithalten.«

Er zuckte mit den Schulten und schob den Wagen ein weiteres Stück nach vorne.

»Was den Preis angeht, ist es zum Teil auch ein Problem der Beschriftung. Heutzutage gibt es in einem großen Supermarkt zum Beispiel ›normalen‹ Brokkoli und Bio Brokkoli. Der normale kostet einen Euro, der Bio-Brokkoli zwei Euro. Da nehmen sich die meisten halt den normalen, weil sie denken, Bio wäre irgendetwas Besonderes, das sie nicht brauchen. Wenn jedoch auf den Schildern die Wahrheit stehen würde, sähe es anders aus. Wenn der normale Brokkoli ›vergifteter Brokkoli‹ heißen würde und der Bio-Brokkoli einfach Brokkoli, dann würden die meisten zur Bio-Option greifen.«

Wieder ging es ein Stück weiter.

»Die Ironie ist auch, dass die Leute denken, sie sparen Geld, wenn sie nur das Billigste kaufen. Aber da sie viel mehr in ihren Wagen packen, als sie brauchen, bezahlen sie letzten Endes auch nicht weniger als jemand, der sich für ökologische Produkte entscheidet. Und die Krönung des Ganzen: Ein Drittel von dem Essen, das hier verkauft wird, landet später im Müll.«

Sie erreichten den Kopf der Schlange und wurden zur nächsten freien Kasse durchgewunken. Pedro legte seine Sachen aufs Band, wartete, bis die Kassiererin alles eingescannt hatte und reichte ihr seine Bankkarte. Niklas ließ beim Einpacken seinen Blick zu den anderen Kassen wandern. Überall saßen junge Frauen, die wie Roboter die Waren über den Scanner schoben. Wahrscheinlich würde es nicht lange dauern, bis sie von richtigen Robotern ersetzt werden würden. Auf der einen Seite wäre es wohl gut, dachte er, wenn Maschinen solche stupiden Jobs übernehmen. Auf der anderen Seite bedeutete das aber auch, dass bald noch mehr Menschen das gleiche Schicksal wie er selbst erleiden würden: Ihr Chef wird zu ihnen kommen und ihnen sagen, dass sie nicht mehr gebraucht werden. Ende Gelände in der Arbeitswelt.

»Für mich hat so ein Supermarkt einfach keine freundliche Seele«, fasste Pedro zusammen, als sie kurz darauf in Richtung Ausgang marschierten. »Die meisten Produkte sind billige Massenware, hergestellt mit Giften und der Absicht, möglichst viel Profit zu machen. Die Atmosphäre ist kalt und abweisend und es herrscht eine große Anonymität. Keiner grüßt sich, keiner lächelt. Ich habe immer das Gefühl, als würde ich in einer Fabrik einkaufen.«

Sie traten durch die gläserne Schiebetür ins Freie.

»Wenn ich bei einem kleinen Bioladen rauskomme, fühle ich mich inspiriert und dankbar. Nach so einem Supermarktbesuch fühle ich mich dagegen leer, manchmal sogar deprimiert. Zum Glück komme ich höchstens alle zwei Wochen kurz her, aber es gibt Leute, die gehen jeden Tag hier einkaufen. Und dann die armen Menschen, die hier acht Stunden am Tag arbeiten müssen. Kein Wunder, dass die meisten unglücklich aussehen.«

Er schüttelte resigniert den Kopf.

»Es ist die reinste Massenabfertigung! Und da es immer schlimmer wird, hat Señor Gonzalez leider völlig recht: Die Zukunft sieht nicht gut aus.«

Niklas begleitete Pedro noch zum Auto, dann ließ er ihn alleine vorfahren und ging zu Fuß nach Hause.

Er dachte über den Tag nach. Zuerst die Geschichten von dem alten Bauern über die harten Zeiten seiner

Jugend und anschließend der Besuch im Supermarkt mit den kritischen Kommentaren von Pedro. Niklas war froh, dass er noch nie richtigen Hunger leiden musste, und er war auch froh, dass Supermärkte das Leben etwas bequemer machten. Gleichzeitig musste er eingestehen, dass das Einkaufen im Supermarkt auch viele Nachteile mit sich brachte. Anstatt eine schöne und bereichernde Erfahrung zu sein, wurde es schnell zu einer lästigen Pflicht; anstatt eine nachhaltige, lokale Landwirtschaft zu unterstützen, wurde ein krank machendes System aufrecht erhalten.

Niklas hätte noch ewig über die Privilegien und Perversionen des modernen Lebens nachdenken können. Als er die Wohnung erreichte, hatte sich aber zumindest ein Zwischenfazit herauskristallisiert: Früher war nicht alles besser und heute ist nicht alles gut. Und das Wichtigste: Die Zukunft, sie muss besser werden.

Grüne Liebe

Schon am nächsten Morgen waren die Wolken weitergezogen und der Himmel strahlte in kräftigem Blau. Laut Señor Gonzalez würde es den nächsten Regen erst wieder im Herbst geben. Niklas war das nur recht. Er wusste noch nicht genau, wie lange er in Andalusien bleiben würde, doch vorerst hatte er keine Absichten, wieder nach Hause zu fahren. Warum sollte er auch freiwillig den garantierten Sonnenschein gegen launisches deutsches Frühlingswetter eintauschen?

Die folgenden Wochen pendelte er bei sommerlichen Temperaturen zwischen Strand, Wohnung und Garten hin und her. Er machte viele Spaziergänge entlang der Küste und genoss es, in Ruhe zu schlendern und nicht, wie üblich für einen Stadtmenschen, rastlos einem Ziel entgegenzumarschieren. Auch in der Wohnung herrschte eine angenehme und oft ausgelassene Stimmung, alle Mitbewohner verstanden sich prima. Wobei es nur selten vorkam, dass alle vier gleichzeitig daheim waren. Wenn dies doch geschah, saßen sie zusammen auf der kleinen Terrasse, tranken Kaffee oder Bier und erzählten sich lustige Geschichten aus ihrem Leben. Manchmal spielten sie auch abends Karten oder guckten einen Film. Die Männer versuchten weiterhin, sich bei Eva beliebt zu machen, doch mehr als ein nettes Lächeln bekam keiner der Drei zurück. Für den Frieden in der WG war das wahrscheinlich gut so.

Die meiste Zeit verbrachte Niklas allerdings weder am Strand noch in der Wohnung, sondern bei Señor Gonzalez. Und nicht nur die meiste, sondern auch die schönste Zeit! Die vielen Stunden im Garten waren für ihn etwas ganz Besonderes. Jaten, graben, schneiden, gießen – er hätte nie gedacht, dass ihn diese Arbeit so glücklich machen kann. Sie schenkte ihm einen inneren Frieden, den er so schon lange nicht mehr erlebt hatte. Vielleicht hatte er ihn sogar noch nie so erlebt. Es war genau, wie Señor Gonzalez beschrieben hatte: eine Arbeit, die er gerne tat, mit Bewegung an der frischen Luft und dem Wissen, etwas Sinnvolles zu tun. Langsam aber sicher begann Niklas zu verstehen, warum der alte Bauer so viel lächelte.

Señor Gonzalez war ein wahrhafter Meister des Gartens. Wohlwollend, wissend und weise! Er kannte jeden Quadratzentimeter seiner Umgebung in- und auswendig und hatte eine Art väterliche Beziehung zu seinen Pflanzen. Eigentlich zu allem, was sich auf seinem Land befand: Pflanzen, Tiere, Bäume – sogar zu den Steinen. Es war wie eine große Familie!
Schon allein zuzusehen, wie er sich durch seinen Garten bewegte, war eine Freude. Erhobenen Hauptes strich er umher, souverän wie ein mächtiger König und gleichzeitig demütig wie ein fleißiger Knecht. Manchmal sah es aus, als würde er tanzen, sanft und leise, mit gleitenden Schritten von Beet zu Beet.
Der alte Bauer verstand genau, was jede Pflanze zum Gedeihen brauchte. Die eine wollte pralle Sonne, die andere viel Schatten; die eine wuchs besser in lockerem Erdreich, die nächste in festem Sandboden; manche Pflanzen halfen sich gegenseitig, andere mochten

sich nicht. Außerdem kannte er zahlreiche Tricks, um den Ertrag zu steigern oder unerwünschte Gäste zu vertreiben. So setzte er zum Beispiel regelmäßig eine Jauche an, die er später verdünnt in seinem Garten versprühte und die half, den Boden zu düngen und schädliche Insekten abzuwehren. Dafür sammelte er eine Schubkarre voll mit Brennnesseln, legte sie in einen Holzbottich mit Wasser und weichte sie zwei Wochen lang ein. Jeden Tag ging er hin und rührte die Brühe mit einem dicken Stock um. Es war wie ein magisches Elixier, gebraut von einem Alchemisten.

»Was magst du an der Arbeit im Garten am meisten?«, fragte Niklas, während er mal wieder die Erde von Unkraut befreite.

»Oh, ich mag alles«, erwiderte Señor Gonzalez mit einem strahlenden Lächeln. »Umgraben, einpflanzen, ernten – ich mache alles gerne.«

Niklas lächelte zurück.

»Das meine ich allerdings gar nicht.«

Manchmal wurde sein Spanisch falsch verstanden, oder er drückte sich nicht richtig aus.

»Was gibt dir die Arbeit im Garten?«, versuchte er es erneut. »Wie hilft sie dir, also dir persönlich in deinem Leben?«

Señor Gonzalez kniete einige Meter von ihm entfernt und rupfte ebenfalls Unkraut aus dem Boden.

»Das wichtigste ist«, sagte er ohne langes Nachdenken, »dass der Garten mir etwas zu essen gibt. Ich pflege und bewässere ihn und behandele alle Pflanzen mit viel Liebe, und im Gegenzug bekomme ich Kartoffeln und Gemüse und etwas Obst.«

Es war die offensichtlichste Antwort gewesen. Keine tiefe philosophische Erkenntnis, sondern blanker

Pragmatismus. Und der alte Bauer hatte natürlich wieder mal recht: Die Aussicht, irgendwann reife Früchte ernten zu können, war die größte Motivation für jede anstrengende Tätigkeit. Genau aus diesem Grund hatte sich Niklas bisher wohl auch nie sonderlich fürs Gärtnern interessiert. Er hatte die Arbeit im Grünen immer mit Hecken schneiden und Rasenmähen assoziiert – zu viel Schufterei, nur um später eine kahlgeschorene Wiese und ein paar Blumen zu haben. Klar, Blumen sind schön anzusehen, aber für Niklas waren sie nicht aufregend genug, um so viel Aufwand zu rechtfertigen. Hingegen etwas anzubauen, das man nutzen konnte, etwas, das man später essen konnte – das war für ihn eine völlig neue Perspektive. Eine Perspektive, die ihn sehr wohl interessierte. Mehr noch, sie begeisterte ihn! »Der Garten hilft mir aber auch auf andere Art und Weise«, fuhr Señor Gonzalez fort. »Er ist wie ein Lehrer, der mich täglich unterrichtet, ein Leben lang.«
Genau das war es gewesen, was Niklas eigentlich hatte wissen wollen. Die Lehren und Botschaften des Gartens.
»Und was hat er dir beigebracht in all den Jahren?«
Der alte Bauer starrte einen Moment vor sich auf die Erde.
»Alles«, sagte er schließlich. »Er hat mir alles beigebracht, was ich weiß. Zum Beispiel, dass es keinen Zweck hat, ungeduldig zu sein. Die guten Dinge brauchen ihre Zeit, das ist einfach so. Ein Baum wächst nicht schneller, wenn du an ihm ziehst – egal, wie sehr du es auch versuchst. Er hat keinen Grund, sich zu beeilen, und deswegen wächst er ganz langsam.«
Niklas stieß einen Seufzer aus. In der Welt, in der er bisher gelebt hatte, war Langsamkeit nicht besonders

hoch angesehen. Alles musste so schnell wie möglich gehen – der Verkehr, die Karriere und selbst das Denken. Warten zu müssen war verhasst. Vielleicht ging es auch gerade deshalb mit der Welt bergab – keiner war mehr bereit, den Dingen ihre Zeit zu geben. Zeit, die nötig ist, um Bedeutungsvolles zu schaffen.

»Wenn du das nicht akzeptierst, dass alles seine Zeit braucht, wirst du ungeduldig und dann leidest du. Oder noch schlimmer, du mischst dich ein und störst dadurch den harmonischen Rhythmus eines anderen Lebewesens.«

Nun war es Señor Gonzalez, der einmal lange seufzte.

»Es gibt Dinge, die können wir nicht kontrollieren. Die Natur gehört dazu, die Zukunft und das Glück. Und auch ein Bus, der zu spät kommt.«

Niklas stutzte.

»Schade, bei dem Bus hatte ich mir noch Hoffnung gemacht.«

Beide mussten lachen. Auch der Esel gab ein lautes und fröhliches Iah von sich.

»Manche Dinge kann man nicht kontrollieren, das stimmt«, fuhr Niklas nach einer Pause fort. »Allerdings ist es gerade für uns Deutsche nicht so einfach, das zu akzeptieren. Wir planen gerne und wollen Sicherheit haben. Und wir wollen, dass sich alles nach dem Takt der Uhr richtet. Du weißt schon, Pünktlichkeit und so.«

»Pünktlichkeit ist gut«, entgegnete der alte Bauer. »Aber nur, wenn sie sich an der Natur orientiert. Wenn du mit den Vögeln zum Sonnenaufgang aufstehst oder wenn du pünktlich im Frühjahr die Samen aussähst. Die Zeit der Uhren ist jedoch nicht natürlich.«

»Ich weiß.«

»Und Sicherheit? Ich glaube, die gibt es nicht. Wahrscheinlich noch nicht einmal bei euch in Deutschland.«

»Nein«, bestätigte Niklas. »Noch nicht einmal bei uns.«

Señor Gonzalez zuckte mit den Schultern.

»*Es lo que hay*«, sagte er gleichmütig. »So ist das eben.«

Niklas bewunderte die Gelassenheit des alten Bauern. Er selbst war zwar schon viel entspannter geworden, seit er vor sechs Wochen im Süden angekommen war, aber um das Niveau von Señor Gonzalez zu erreichen, müsste er wahrscheinlich noch mindestens zwanzig Jahre im andalusischen Garten arbeiten. Zu sehr hatte ihn das hektische Leben der Großstadt geprägt.

Er riss an einer dicken Graswurzel.

»Es ist wirklich erstaunlich, wie hartnäckig dieses Zeug ist. Und wie schnell es überall wuchert!«

Wieder zog er mit aller Kraft an der Wurzel. Dieses Mal hatte er mehr Erfolg: Das Gras gab nach und löste sich aus dem Boden. Dies passierte jedoch so plötzlich, dass er das Gleichgewicht verlor und nach hinten überfiel. Einen Moment blieb er frustriert liegen. Der alte Bauer hatte ihm von der Seite zugeschaut und konnte sich ein Kichern nicht verkneifen. Niklas raffte sich auf, warf die Wurzel zur Seite und klopfte sich den Dreck von den Klamotten. Dann kniete er sich wieder ans Beet.

»Bist du wirklich noch nie in Versuchung geraten, doch etwas Unkrautvernichter zu verwenden?«

Señor Gonzalez schüttelte den Kopf.

»Es wäre doch viel einfacher«, fügte Niklas hinzu, »dann bräuchten wir unsere Zeit nicht mit diesem Mist zu vergeuden.«

In dem Moment, als er das letzte Wort ausgesprochen hatte, bereute er auch schon, was er gesagt hatte. Er hatte sich wieder als ignoranter Stadtmensch geoutet, als jemand, der die einfache Arbeit auf dem Land nicht zu würdigen wusste. Dabei hatte er es gar nicht so abwertend gemeint.

»Findest du, wir vergeuden gerade unsere Zeit?«, fragte der alte Bauer verwundert.

»Nein, also doch, ich meine«, stammelte Niklas. Was hätte er sagen sollen? Natürlich hat das Unkraut jäten einen beruhigenden Effekt. Wenn er eine Stunde lang kleine Grashalme rupfte, befand er sich die meiste Zeit davon in einer Art meditativem Zustand. Sein Geist beruhigte sich und eine friedliche Klarheit hielt Einzug in seinem Inneren. Ein wunderbarer Zustand, keine Frage. Aber Niklas war eben nicht nur Zen-Gärtner, sondern auch Banker. Und aus betriebswirtschaftlicher Sicht war es auf jeden Fall eine Zeitverschwendung.

»Wenn du nicht so viel Unkraut jäten müsstest«, begann er von neuem, »hättest du mehr Zeit für andere Dinge.«

»Aber ich mache das doch gerne«, verteidigte sich Señor Gonzalez mit einem Ausdruck von Unverständnis. »Warum soll ich etwas anderes machen?«

Niklas biss sich auf die Lippen. Er wusste, dass Señor Gonzalez eine ganz andere Lebensphilosophie pflegte, und so richtig überzeugt war er selbst auch nicht mehr von seinen Banker-Gedanken. Trotzdem versuchte er es weiter.

»Es geht sich ja nicht darum, faul auf dem Sofa zu liegen. Du könntest zum Beispiel mit der gewonnenen Zeit ein weiteres Feld bestellen und dadurch deine Produktion enorm steigern. Und je mehr du produzierst, desto mehr verdienst du.«

Der alte Bauer sah ihn leicht irritiert an.

»Ich soll meine armen Pflanzen mit Gift besprühen, nur, damit ich mehr Geld habe?«

Niklas merkte, dass er gerade seinen hart erarbeiteten Kredit verspielte. Giftiges Essen als Preis für mehr finanziellen Reichtum – er schämte sich fast ein wenig. Aber er war es halt gewohnt, immer an Profitoptimierung zu denken.

»War nur eine Idee«, ruderte er zurück.

»Eine schlechte Idee«, hielt Señor Gonzalez fest.

Schweigen. Für einen Moment schien der alte Bauer innerlich aufgebracht, doch dann sprach er mit ruhiger Stimme weiter.

»Wenn ich anfange, Gift zu versprühen, wird der Boden krank. Und wenn der Boden krank ist, können auch keine gesunden Pflanzen wachsen. Sie bekommen nicht mehr das, was sie brauchen, werden schwach und dadurch anfälliger für Probleme. Also muss ich hingehen und Pestizide kaufen. Noch mehr Gift. Und wenn ich das dann alles esse, werde ich selbst krank und muss zum Arzt, wo es die nächste Portion Chemie gibt.«

Er schaute Niklas in die Augen.

»Macht nicht so viel Sinn, oder?«

Niklas gab ihm mit einem Kopfschütteln Recht, während er kleinlaut auf dem Boden kauerte.

»Gift löst keine Probleme, es schafft Probleme!«, fuhr Señor Gonzalez fort. »Wenn ich hingegen dafür sorge, dass der Boden gesund ist, dann sind auch die Pflanzen gesund. Dann brauche ich kein Gift, um Krankheiten zu bekämpfen. Und wenn ich gesunde Pflanzen esse, brauche ich selbst auch keine Pillen vom Arzt.«

Er grinste Niklas an.

»Kein Gift, keine Probleme. So einfach ist das.«

Zu einfach, hätte Niklas am liebsten geantwortet, wenn nicht der lebende Beweis direkt vor ihm gesessen hätte.

Beide widmeten sich wieder dem Unkraut. Niklas dachte an seinen Job bei der Bank und an das Leben fernab vom idyllischen Gemüsegarten. Überall gab es Anzeichen einer Krankheit, die sich bei den Menschen immer dramatischer ausbreitete. Auch er selbst hatte sich schon längst anstecken lassen. Die Krankheit hieß Gier.

»Vielleicht ist Geld das schlimmste Gift von allen«, sagte er nach einer Weile. »Es macht uns gierig, wie bei einer starken Droge wollen wir immer mehr haben.«

Señor Gonzalez nahm seine Kappe ab und kratzte sich am Kopf.

»Ich glaube nicht, dass Geld das Problem ist. Wenn wir Steine als Währung hätten oder mit Nüssen handeln würden, wäre es dasselbe.«

Er setzte wieder seine Kappe auf.

»Nein, das Geld trifft keine Schuld. Die Gier befindet sich tief im Inneren des Menschen.«

»Und was glaubst du, warum wir sie in uns haben?«, wollte Niklas wissen.

»Weil wir denken, dass uns etwas fehlt. Wir sehen jemanden, der etwas hat, was wir nicht haben, und dann entsteht ein sehnsüchtiger Wunsch nach diesem etwas. Und wenn der Wunsch nicht erfüllt wird, werden wir unzufrieden.«

»Und was kann man dagegen tun?«, wunderte sich Niklas. »Gegen die Gier und die sehnsüchtigen Wünsche?«

Ein Grinsen breitete sich auf dem Gesicht des alten Bauers aus.

»Unkraut jäten!«, sagte er selbstbewusst.

Niklas verstand es als Witz und lachte. Dabei war es von Señor Gonzalez gar nicht als Witz gemeint.

»Zu viel Unkraut verhindert das gesunde Wachstum der Pflanzen«, fuhr er fort. »Also müssen wir dafür sorgen, dass es nicht zu viel wird. Mit den Wünschen verhält es sich ähnlich: Zu viele Wünsche beeinträchtigen die Gesundheit des Menschen. Denn wenn du dich die ganze Zeit nach etwas sehnst, das du nicht hast, wie willst du da glücklich sein?«

Señor Gonzalez sah ihn mit großen Augen an.

»Wir haben doch alles, was wir brauchen. Wozu muss es immer mehr sein?«

Stumm und ratlos schüttelte Niklas den Kopf. Warum musste es immer mehr sein, das war eine gute Frage. Vielleicht lag eine Teilschuld bei den Medien, vor allem beim Fernsehen. Permanent wurden einem neue Dinge gezeigt, die man nicht hatte, und es wurde einem suggeriert, dass das Leben ohne diese Dinge unerfüllt sei. Neue Schuhe, eine neue Uhr, ein neues Auto. Tausende Sachen, die vielleicht ganz nett sind, die aber definitiv niemand braucht, um glücklich zu sein. Tausende Sachen, die einen davon abhalten, das Leben zu genießen. So, wie es ist.

Niklas dachte an die unzähligen Werbespots, die im Lauf eines Fernsehabends auf einen einprasselten. Vielleicht war es das Beste, den Fernseher zu verkaufen, oder wenigstens nicht mehr einzuschalten. Sich zu befreien von all den Bildern, die permanent neue Wünsche aussäten. Bilder und Botschaften, die seinen Geist vergifteten. Wie anders die Welt wäre, versuchte er sich vorzustellen, wenn statt Werbung und schlechter Nachrichten Filme über Menschen wie Señor Gonzalez im Fernsehen liefen. Nicht erst im Nachtprogramm, sondern abends um acht! Statt der Tagesschau ein Bericht über einen alten Bauern, der in seinem Garten eine wundervolle Einfachheit vorlebt; der bescheiden ist, nicht aus Not heraus, sondern aus Überzeugung, der nicht über maßlosen Konsum, sondern über das Geheimnis der Genügsamkeit spricht.

»Ein paar Wünsche zu haben, ist natürlich nicht schlimm«, fuhr Señor Gonzalez nach einer Weile fort. »Aber zu viele, das bringt nur Ärger.«

Er riss einige große Brennnesseln aus dem Boden.

»Und was machst du, wenn du zu viele Wünsche hast?«, wollte Niklas wissen. »Wie wirst du sie los?«

Der alte Bauer überlegte einen Augenblick.

»Ganz einfach: Es gilt, den Moment zu lieben! Dafür lenke ich meine ganze Aufmerksamkeit auf das, was ich gerade tue. Egal, ob ich Unkraut jäte oder Tomaten pflanze – ich versuche, es so gut zu machen, wie ich kann. Und etwas gut zu machen, das erfüllt mich mit Freude und Genugtuung. Wünsche haben dann keinen Platz mehr.«

Wieder musste ein Büschel Brennnesseln dran glauben. Señor Gonzalez richtete sich auf und wischte sich den Schweiß von der Stirn.

»Manchmal mache ich auch eine Pause und bestaune, was ich gerade getan habe. Oder ich beobachte einfach nur den Garten mit all den Pflanzen, sitze da und mache nichts. Auch dabei, beim Staunen und Beobachten und beim Nichtstun, bin ich einfach glücklich. Glücklich und zufrieden in der Gegenwart. Wonach sollte ich mich da noch sehnen?«

Niklas lächelte. Wenn er mit den Händen in der Erde wühlte, die Gedanken treiben ließ und die frische

Landluft einatmete, dann hatte er tatsächlich nicht das Gefühl, dass ihm irgendetwas fehlte. Im Gegenteil: Dann spürte er eine Art Vollkommenheit, die sich in seinem ganzen Körper ausbreitete und ihn tief im Inneren berührte. Es war ein Gefühl, das man mit Geld nicht kaufen kann und das vor allem nicht in der Zukunft zu finden ist. Denn einer Sache wurde sich Niklas immer bewusster: Wahres Glück wächst ausschließlich im Jetzt!

Señor Gonzalez erhob sich und ging zu einem anderen Beet auf der gegenüberliegenden Seite des Gartens. Mit einer einladenden Kopfbewegung deutete er Niklas an, ihm zu folgen.

»Es gibt noch etwas, das hilft, Wünsche zu bändigen«, sagte er fast ein wenig geheimnisvoll. »Etwas, das mir ebenfalls der Garten beigebracht hat.«

Er kniete sich hin, riss eine Pflanze aus dem Boden und begann, mit den Händen zu graben. Kurz darauf kamen die ersten Kartoffeln zum Vorschein. Señor Gonzalez nahm sich die größte, die er fand, und hielt sie triumphierend nach oben.

»Was für ein Prachtexemplar! Komm her und bediene dich!«

Niklas hockte sich neben ihn und fing ebenfalls an, zu buddeln und nach den begehrten Knollen zu suchen. Schon bald hatte er Erfolg. Es war ein ganz besonderer Moment: Zum ersten Mal in seinem Leben hielt er eine Kartoffel in der Hand, die er selbst aus dem Boden geholt hatte.

»Wenn die Erde mir Essen schenkt, fühle ich mich einfach nur dankbar«, schwärmte der alte Bauer. »Und es ist genau diese Dankbarkeit, die alle anderen Wünsche in mir vertreibt.«

Auf dem Heimweg dachte Niklas über seine neu gewonnene Leidenschaft für den Garten nach. Wie wundervoll es ist, eng mit der Natur zusammenzuarbeiten! Wie großzügig sie ist, und wie dumm wir sind, wenn wir über sie herfallen, sie vergiften und dann kaputt zurücklassen. Dank der Erfahrungen, die er in den letzten Wochen gemacht hatte, lernte er Señor Gonzalez immer mehr zu schätzen. Wie wichtig doch Menschen sind, die nicht Gift versprühen, sondern Liebe.

Als Niklas am Abend in der WG eintraf, strahlte er über beide Ohren. Stolz zeigte er den anderen seine Beute: Eine große Tüte mit frischen und selbst geernteten Kartoffeln. Selbstverständlich in bester Bio-Qualität! »Der alte Kerl scheint dir gut zu tun«, stellte Pedro erfreut fest. Er holte sein Handy hervor, suchte nach etwas und hielt es dann Niklas hin. »Hier, das hab ich heute zufällig gesehen. Ein altes chinesisches Sprichwort. Ich glaube, es wird dir gefallen.«

Niklas schaute auf den kleinen Bildschirm, las leise vor sich hin und schmunzelte. Dann nahm er sich Stift und Papier und übersetzte den Spruch ins Deutsche. »Danke!«, wandte er sich anschließend an Pedro. »Der kommt bei mir übers Bett.«

Wenn du einen Tag glücklich sein willst, betrink dich.
Wenn du ein Jahr glücklich sein willst, heirate.
Wenn du ein Leben lang glücklich sein willst,
fang an zu gärtnern.

Hoffnung

Die Tage vergingen wie im Flug. Niklas hatte das Gefühl, als wäre er erst vor kurzem in Estepona angekommen, dabei waren bereits zwei Monate vergangen. Er wunderte sich, wie schon so oft, warum die Zeit im Schneckentempo dahinkriecht, wenn es einem schlecht geht, und warum sie in Eile davonläuft, wenn es einem gut geht. Warum kann es nicht anders herum sein? Wie wunderbar wäre es, wenn dunkle Wolken immer rasch weiterziehen und sonnige Momente ewig andauern würden. Wenn man eine Fernbedienung fürs eigene Leben hätte, so dass man auf Pause drücken oder vorspulen könnte. Und für ganz besondere Erlebnisse gäbe es sogar eine Rückspultaste! Doch wäre, hätte, könnte – die Realität sieht leider anders aus. An traurigen und schmerzhaften Stellen scheint der Film in Zeitlupe abzulaufen und bei Freude und Heiterkeit beschleunigt er sich. Zum Glück ahnte Niklas allerdings bereits, dass es nichts bringt, sich über dieses seltsame Paradox allzu viele Gedanken zu machen. Was sagte Señor Gonzalez immer? ›*Es lo que hay*‹ – so ist das eben.

Am ersten Donnerstag im Juni saßen die drei männlichen WG-Bewohner zusammen beim Frühstück auf der sonnenüberfluteten Terrasse.

»Was ist eigentlich mit deinem Boot?«, erkundigte sich Niklas bei Pedro.

»Das hat er nur gekauft, um die Garage zu füllen«, fiel Khadim sarkastisch dazwischen.

»Sehr witzig«, erwiderte Pedro und verdrehte dabei die Augen. »Aber du hast natürlich recht: Bisher haben wir es kein einziges Mal benutzt, was für eine Schande!«

Er überlegte einen Moment.

»Was macht ihr denn heute am frühen Abend?«

Niklas und Khadim schauten sich an und zuckten mit den Schultern.

»Gut«, sagte Pedro kurzerhand, »dann wird also heute Abend das Boot eingeweiht.«

Während die anderen beiden zu einem Kunden fuhren, um eine weitere Solaranlage zu installieren, machte sich Niklas auf zu Señor Gonzalez. In Andalusien war inzwischen endgültig der Sommer eingetroffen – es gab keinen Tag mehr unter 25 Grad und auch die Nächte waren mild. Beste Bedingungen für das Wachstum im Garten! Alle Pflanzen sprossen in die Höhe und breiteten sich rasch aus, sowohl Gemüse als auch Unkraut. Folglich gab es für den jungen Helfer aus Deutschland immer genug zu tun.

»Was soll ich heute machen?«, wollte Niklas wissen.

Der alte Bauer ließ den Blick über sein Land schweifen, um sich eine Übersicht zu verschaffen. Gerade zu dieser Zeit, wenn der Garten förmlich explodierte, war es wichtig, die Aufgaben zu priorisieren.

»Die neuen *chupones* müssten dringend entfernt werden. Kannst du das übernehmen?«

Niklas schaute ihn ahnungslos an.

»Was sind *chupones*?«

»Die kleinen Stängel, die sich bei den Tomatenpflanzen zwischen den Hauptstängeln bilden. Komm, ich zeigs dir.«

Zusammen gingen sie zu einem der hinteren Beete. Innerhalb weniger Wochen war dort alles so sehr gewachsen, dass das Beet einem Dschungel glich. Señor Gonzalez brauchte sich noch nicht einmal zu bücken, um Niklas seine Aufgabe zu erklären.

»Siehst du, hier ist der Hauptstängel, daneben der zur Seite weggehende Stängel, und dazwischen ein dritter Stängel. Diese Zwischenstängel heißen *chupones*. Wenn du sie wachsen lässt, rauben sie der Pflanze viel Kraft, was zu kleineren und schlechteren Tomaten führt.«

Er riss den unerwünschten Seitentrieb mit einer schnellen Handbewegung ab.

»Wenn du sie regelmäßig entfernst, wird sich die Pflanze bei dir mit einer prächtigen Ernte bedanken.«

Niklas lächelte – wieder hatte er etwas gelernt. Er holte sich einen kleinen Eimer für die abgerissenen Stängel und verbrachte dann den gesamten Vormittag damit, die *chupones* von den Tomatenpflanzen zu entfernen. Nach einer guten Stunde kam Señor Gonzalez vorbei und brachte ihm eine Schüssel mit frischen Erdbeeren, die er gerade gepflückt hatte.

»Wie waren eigentlich die Zucchini neulich?«, erkundigte sich der alte Bauer, während er sich selbst genüsslich einige rote Beeren in den Mund schob. Mittlerweile gab er Niklas fast jeden Tag etwas zu essen aus dem Garten mit nach Hause.

»Sie waren ausgezeichnet! Danke nochmal!«

Niklas hatte die Zucchini an Pedro weitergegeben und dieser hatte sie in einem Couscous-Gericht verarbeitet. Die ganze WG hatte mitgegessen und alle waren begeistert, wie köstlich die Zucchini waren. Doch nicht nur der Geschmack war außergewöhnlich, sondern es zählte auch die Tatsache, dass niemand Gift auf sie gesprüht hatte und dass sie nur wenige Stunden vor dem Mahl geerntet worden waren. Mit der Zeit stellte Niklas fest, dass Essen in der Tat viel besser schmeckt, wenn man weiß, wo es herkommt.

Gegen ein Uhr mittags hatte er alle überflüssigen Stängel entfernt und ging in Richtung Eingangstor, um Señor Gonzalez zu fragen, was er als nächstes tun sollte. Just als er bei ihm ankam, fuhr draußen ein dunkelgrauer Wagen vor. Eine kleine Staubwolke wurde aufgewirbelt und ein Mann um die Fünfzig stieg aus. Niklas musste einen Moment überlegen, dann erkannte er ihn: Es war der Stadtbeamte, der bereits einen Monat zuvor da gewesen war.

»*Hola*«, grüßte Señor Gonzalez gewohnt freundlich. Der Mann nuschelte ebenfalls einen Gruß, kam dann aber sofort zur Sache.

»Sie glauben wahrscheinlich, dass ich das letzte Mal nur gescherzt habe«, sagte er mit aggressiver Stimme. »Soll er doch erzählen, haben Sie bestimmt gedacht. Aber wissen Sie was? Es war kein Scherz!« Dann drehte er sich zur Seite und zeigte auf das Holzschild, auf dem Señor Gonzalez seine Produkte aufgelistet hatte. »Gemüseverkauf ist auf Privatgrundstücken verboten, das hatte ich klar und deutlich gesagt.«

Der alte Bauer guckte ihn unschuldig an.

»Ich weiß, was du gesagt hast. Aber was soll ich machen?«

Auch ein Stadtbeamter wurde von Señor Gonzalez geduzt. Er behandelte alle gleich.

»Das hatte ich Ihnen doch schon gesagt: Bringen Sie Ihr Zeug zu einer Kooperative!«

»Dort bekomme ich aber fast nichts für mein Gemüse und ...«

»Das ist mir egal«, fiel ihm der Beamte schroff ins Wort. »Der Verkauf ist hier verboten, Punkt! Und da Sie gegen das Verbot verstoßen haben, erhalten Sie nun eine Anzeige.«

Señor Gonzalez sah ihn schweigend an.

»Was hat die Anzeige denn für Konsequenzen?«, mischte sich Niklas nun ein.

»Zum einen gibt es ein Bußgeld von fünfhundert Euro«, erklärte der Stadtbeamte sachlich. »Und zum anderen gilt die Anzeige als Warnung. Wenn er nochmal gegen das Verbot verstößt, gibt es wieder eine Anzeige. Beim dritten Mal wird dann das Grundstück beschlagnahmt.«

»Aber finden Sie fünfhundert Euro nicht etwas übertrieben?«, hakte Niklas vorsichtig nach. »Er verkauft doch nicht viel.«

Der Mann hob gleichgültig die Achseln und wandte sich mit ernstem Gesicht wieder dem alten Bauern zu. »Ich kann Ihnen nur raten, die Regeln zu befolgen. Sonst sind Sie hier schneller weg, als Ihnen lieb ist.«

Señor Gonzalez schwieg weiter.

»Die Anzeige wird nächste Woche per Post zugestellt«, fügte der Beamte noch hinzu. Dann drehte er sich um, ging zu seinem Wagen und fuhr davon.

Eine Weile starrte Niklas dem Auto hinterher.

»Und, wirst du das Bußgeld bezahlen?«

Der alte Bauer seufzte.

»Nein, ich glaube nicht. Das eine Mal würde zwar gehen, aber das Problem ist, dass es wohl nicht bei dem einen Mal bleiben wird.«

»Aber vielleicht ist es einfach nur eine leere Drohung. Oder vielleicht sind sie ja zufrieden, wenn du einmal bezahlst.«

Señor Gonzalez schüttelte den Kopf.

»Ich habe neulich mit einem meiner Nachbarn gesprochen. Er hat das Angebot von der Immobilienfirma akzeptiert und schon den Vertrag unterschrieben. Von einem anderen Nachbarn weiß ich, dass er das Angebot ebenfalls annehmen wird. Bleiben also nur noch der Giftspritzer am Ende des Weges und ich. Und der Giftspritzer zögert nur, um noch mehr Geld auszuhandeln. Früher oder später wird er auch verkaufen.«

»Und was bedeutet das?«

»Es bedeutet, dass ich so lange Anzeigen bekommen werde, bis sie gegen mich gerichtlich vorgehen und mich von hier vertreiben können.«

»Kann man denn gar nichts dagegen tun?«, fragte Niklas besorgt.

»Ich weiß nicht. Vielleicht könnte ein guter Anwalt etwas bewirken. Aber wir beide?« Er dachte kurz nach. »Nein, wir können nichts machen.«

Niklas wünschte sich in diesem Moment, er hätte nicht BWL und Bankwesen, sondern Jura studiert, dann hätte er nun wenigstens sein Wissen für etwas Sinnvolles einsetzen können. Wobei Gesetze auch nicht immer helfen. Vor allem nicht, wenn viel Geld im Spiel ist.

»In der modernen Welt gibt es für einen einfachen Bauern wie mich leider kaum noch Platz«, fuhr Señor Gonzalez fort. Er klang wehmütig, schaute aber auch gefasst der Realität ins Auge. »Irgendwann wird auf diesem Land kein Gemüse mehr angebaut, sondern Golf gespielt. Statt mit der Hand, wird der Boden dann mit Eisenschlägern bearbeitet werden.«

Niklas sah ihn traurig an, während der alte Bauer einen weiteren Seufzer ausstieß.

»Ich kann nur hoffen, dass der Tag, an dem die Bagger kommen, noch in weiter Zukunft liegt. Und dass mir in der Zwischenzeit irgendwer oder irgendetwas zu Hilfe kommt.«

Als Niklas um kurz vor sechs in der Wohnung eintraf, stieg ihm sofort ein seltsamer, süß-säuerlicher Geruch in die Nase. Er wollte gerade nachsehen, wo der unangenehme Duft herkam, da hörte er ein lautes Würggeräusch aus dem Wohnzimmer. Niklas ging um die Ecke und blieb abrupt stehen: Pedro lag vor ihm auf dem großen Sofa und kotzte sich die Seele aus dem Leib! Khadim saß in dem Sessel daneben und blätterte in einer Zeitschrift. Er schien nicht sonderlich beeindruckt von Pedros jämmerlicher Verfassung.
»Was ist los?«, fragte Niklas sogleich.
»Er hat sich heute Mittag den Magen verdorben«, antwortete Khadim, ohne von der Zeitschrift aufzuschauen. »Ich habe ihm gesagt, er soll die Fleischbällchen nicht essen, da sie schon seit zwei Tagen in der warmen Küche gestanden haben. Aber er wollte sie nicht wegwerfen. Na ja, selbst schuld.«
Mühsam rollte sich Pedro auf den Rücken. Sein Gesicht war fast so weiß wie das Papiertuch, mit dem er sich den Mund abwischte.
»Soll ich dich zum Arzt bringen?«, bot Niklas an.
Pedro hob den linken Zeigefinger und winkte ab. Er atmete ein paar Mal tief durch und richtete sich langsam ein Stück auf.
»Ich glaube, es ist jetzt alles raus«, sagte er mit schwacher Stimme. »Wird bestimmt gleich besser.«
»Wenn du meinst«, entgegnete Niklas skeptisch. »Aber das mit dem Boot lassen wir lieber sein.«

Pedro überlegte einen Moment, aber die Vorstellung an eine schaukelnde Reise auf dem Meer löste bei ihm sofort wieder starke Übelkeit aus.

»Ich bleibe auf jeden Fall hier. Aber ihr könnt ruhig fahren, wenn ihr wollt.«

»Es ist doch dein Boot«, widersprach Niklas. »Außerdem halte ich es für keine gute Idee, dich in diesem Zustand alleine zu lassen.«

»Doch, geht ihr nur«, bestand Pedro. »In einer halben Stunde kommt sowieso Eva nach Hause.«

Niklas blickte zu Khadim. Sie hatten sich den ganzen Tag auf den Bootsausflug gefreut und keiner der beiden hatte Lust, nun stattdessen Krankenpfleger zu spielen.

»Also gut«, entschied Niklas. »Wir warten, bis Eva da ist, und dann drehen wir eine kleine Runde.«

Eine gute Stunde später traf die hübsche Ungarin ein und erklärte sich bereit, bei Pedro zu bleiben. Niklas und Khadim zogen los, brauchten allerdings eine weitere Stunde, um das Boot aus der Garage zu holen und zum Strand zu bringen. Als sie es schließlich im Wasser hatten, war es bereits viertel nach acht.

»Die Sonne geht gegen neun unter«, sagte Niklas. »Viel Zeit bleibt uns also nicht.«

»Hast du noch was anderes vor?«

»Nein, aber im Dunkeln ist es vielleicht nicht so lustig auf dem Meer.«

»Doch«, grinste Khadim, »nachts beißen die Fische besser an.«

Er hielt demonstrativ seine Angelrute nach oben.

Niklas verstand weder etwas vom Fischen noch von Booten und schon gar nichts von Nachtnavigation. Was ihm allerdings etwas Sicherheit gab, war das

Wetter – es herrschte komplette Windstille und das Meer war so glatt wie ein See. Außerdem hatte er eigentlich keinen Grund, seinem Mitbewohner nicht zu vertrauen.

Sie paddelten einige Meter raus, dann warf Khadim den Außenborder an und steuerte das kleine Holzboot in Richtung Horizont.

Zwanzig Minuten fuhren sie einfach nur geradeaus. Niklas lehnte in T-Shirt und Badeshorts mit dem Rücken am Bug und schaute zu, wie sie sich immer weiter von der Küste entfernten. Als die höchsten Häuser nur noch winzige Punkte waren, stellte Khadim plötzlich den Motor ab.

»Was machst du?«, erschrak Niklas. Er drehte sich um und sah überall nur schimmerndes Blau.

»Soll ich etwa mit laufendem Motor angeln?«

Niklas atmete erleichtert auf. Kurz darauf warf Khadim die Angel aus, setzte sich auf die Mittelbank und starrte geduldig auf das Ende der Schnur.

»Hörst du das?«, fragte er nach einer Weile.

»Was?«

»Die Stille.«

Erst jetzt fiel Niklas auf, dass alle Alltagsgeräusche verschwunden waren. Keine knatternden Motoren, kein Hupen, keine Stimmen, kein Piepen. Nichts.

»Ich vermisse diese Stille«, fuhr Khadim fort. »Für mich existiert sie nur hier draußen, umgeben von tiefem Gewässer und weit weg vom Lärm der Menschen.«

Beide schwiegen und lauschten der überwältigenden Ruhe des Meeres. Es war eine ganz besondere Atmosphäre, friedlich und ehrlich, und doch geheimnisvoll und auch ein klein wenig beängstigend. In der Ferne senkte sich die Sonne zu den Bergen hinab und unter ihnen bereiteten sich die Wesen einer unbekannten Welt leise auf die Nacht vor.

Niklas wusste bisher nicht viel über die Vergangenheit seines Mitbewohners. Nur, dass er aus dem Senegal kam und früher als Fischer gearbeitet hatte.

»Wie war dein Leben in Afrika?«

Khadim starrte weiter auf die Angelschnur, dann lächelte er und begann zu erzählen.

»Es war großartig! Ich bin in Kayar aufgewachsen, das ist ein Dorf an der Küste, ungefähr sechzig Kilometer nördlich von der Hauptstadt Dakar. Ein bisschen wie Estepona, nur viel kleiner. Wir haben mit der ganzen Familie zusammen gelebt, und Familie heißt nicht wie hier Vater, Mutter und Kind, sondern alle! Meine Eltern, fünf Geschwister, vier Tanten und Onkel und deren Kinder, Großeltern und sogar Urgroßeltern. Insgesamt über dreißig Leute!«

»Ihr habt alle in einem Haus gewohnt?«, fragte Niklas mit leichtem Entsetzen.

»Nein«, lachte Khadim, »wir hatten zwei kleine Häuser und drum herum gab es diverse Hütten. Alles sehr einfach, aber mehr brauchten wir nicht.«

»Und was hast du so gemacht?«

»Meine Brüder und ich haben früh angefangen, meinem Vater zu helfen. Ich war elf Jahre alt, als ich die Schule beendete und Fischer wurde. Jeden Tag sind wir raus aufs Meer gefahren, genau wie hunderte andere Väter mit ihren Söhnen. Es gab so viele Fische, das kannst du dir gar nicht vorstellen!« Er begann zu schwärmen. »Es war wie im Paradies! Volle Märkte, weiße Strände und überall glückliche Gesichter. Ein schöneres Leben hätte ich mir nicht wünschen können.«

»Und warum bist du dann nach Europa gekommen?«

Khadim zögerte und mit dem Zögern verschwand auch sein Lächeln.

»Die Fische ... sie waren plötzlich weg.«

»Einfach so?«, wunderte sich Niklas.

»Nein, nicht einfach so. Unsere nette Regierung hatte irgendwann angefangen, Fischereilizenzen an ausländische Unternehmen zu vergeben. Auf einmal tauchten also riesige Trawler vor der Küste auf. Sie kamen aus Frankreich, Korea, China, überall her.« Wut stieg in ihm auf. »Die Regierung hat einfach das Meer verkauft. Unser Meer!«

»Aber die großen Schiffe waren doch bestimmt weit draußen. War für euch wirklich nichts mehr übrig?«

»Nein, fast nichts. So ein großer Trawler zieht an einem einzigen Tag genau so viel aus dem Wasser wie fünfzig kleine Fischerboote in einem ganzen Jahr. Was soll da noch übrig bleiben?«

Sie schwiegen für eine Weile.

»Und dann?«, wollte Niklas wissen.

»Es wurde immer schlimmer. Die Leute im Dorf hatten keine Arbeit mehr, die Märkte waren leer und Hunger breitete sich aus. Viele sind in die Hauptstadt geflohen und haben versucht, dort einen Job zu finden. Aber für mich kam das nie in Frage. Das Leben in der Stadt ist nichts für mich. Außerdem herrschte dort auch große Armut.«

Wieder war es still. Dann bewegte sich auf einmal die Schnur und Khadim zog einen großen Seebarsch ins Boot. Für einen kurzen Augenblick kehrte ein Lächeln in sein Gesicht zurück. Er legte den zappelnden Fisch in eine Ecke und warf erneut die Angel aus.

»Meinen Eltern ging es immer schlechter und zwei meiner Brüder waren bereits in der Stadt«, fuhr er fort.

»Die Situation wurde immer verzweifelter. Kurz nach meinem einundzwanzigsten Geburtstag habe ich dann beschlossen, ebenfalls abzuhauen. Ich war mir sicher, dass es woanders besser sein würde. Irgendwo ganz weit weg.« Er hielt einen Moment inne. »Ich dachte, dass ich in der Ferne die Hoffnung finden könnte, die ich in meiner Heimat verloren hatte.«

»Und deine Hoffnung lag in Europa?«

»Genau. Aber für uns ist es natürlich ganz anders als für euch. Wir können uns nicht einfach in ein Flugzeug setzen und in eine bessere Welt fliegen. Für uns gibt es nur einen Weg, unsere Träume zu verwirklichen, und der führt über das Meer.«

Die Sonne war mittlerweile hinter den Bergen verschwunden und an der Küste gingen die ersten Lichter an. Niklas ließ seinen Blick über die glatte Oberfläche des Wassers gleiten, vorbei am Affenfelsen von Gibraltar und weiter gen Süden, bis er am Horizont die schwarze Silhouette Afrikas sah. Khadim folgte ihm mit den Augen.

»Zuerst dachte ich, es sei nicht möglich, schließlich sind es zwei verschiedene Kontinente. Doch dann fuhren auch von Kayar aus immer öfter *pateras* los.«

»*Pateras*?«

»Flüchtlingsboote.«

Niklas drehte sich zu ihm um. Er hatte von Flüchtlingsbooten bisher immer nur in den Nachrichten gehört.

»Du bist in einer *patera* nach Europa gekommen?«

»Ja. Vom Senegal aus nach Mauretanien und von dort quer rüber nach Las Palmas, auf die kanarischen Inseln. Eine Woche waren wir unterwegs.«

»So lange?«, stutzte Niklas.

Khadim nickte stumm.

»Was sind das denn für Boote?«

»Dieselben, die wir auch zum Fischen benutzen. Ähnlich wie das, in dem wir hier gerade sitzen. Nur etwas größer, vielleicht zehn oder elf Meter lang.«

»Und wie viele ward ihr auf dem Boot?«

»Einhundert und vier.«

Niklas starrte ihn mit offenem Mund an.

»Ihr seid mit über hundert Leuten auf einem zehn Meter langen Holzkahn von Afrika nach Europa gefahren?«

Wieder nickte Khadim.

»Dazu Essen und Trinken für eine Woche und genügend Benzin, um anzukommen. Wir hatten allein einhundertachtzig Wasserkanister mit je zwanzig Litern dabei. Es war etwas eng, aber es ging.«

›Etwas eng‹, wiederholte Niklas in Gedanken. Er selbst beschwerte sich schon, wenn auf einem Kurzstreckenflug ein Dicker neben ihm saß. So viele Menschen in einem kleinen Holzboot, eine Woche lang – unfassbar!

»Und wie ist es abgelaufen? Also woher wusstest du, wo und wann die Boote abfahren?«

»Kayar ist ein kleiner Ort, da spricht sich alles schnell herum. Eines Abends hat mich ein Freund angerufen und mir gesagt, dass es am nächsten Tag losgeht. Mir blieben einige wenige Stunden, um ein paar Sachen zu besorgen und mich von allen zu verabschieden.« Khadim senkte die Stimme. »Das war das Härteste, der Abschied von meiner Familie und meinen Freunden. Ich umarmte meine Mutter und wusste nicht, wann ich sie wiedersehen würde. Ob ich sie überhaupt wiedersehen würde.«

Stille.

»Und dann, als es los ging?«

»Mitten in der Nacht haben wir uns in einer kleinen Bucht am Strand getroffen. Wir mussten vorsichtig sein und uns verstecken, denn wenn die Polizei uns erwischt hätte, wären wir im Gefängnis gelandet. Nachdem die Vorräte verstaut waren, versammelte einer der Kapitäne alle um sich herum. Seine Worte werde ich nie vergessen: ›Wir werden uns jetzt auf eine Reise in die große Ungewissheit begeben. Ungewiss deswegen, weil wir nicht wissen, ob wir ankommen werden.‹ Zu dem Zeitpunkt hatte jeder schon von anderen *pateras* gehört, die es nicht geschafft hatten. Denn das Meer ist kein Spielplatz, auf hoher See kann alles Mögliche passieren. Manche geraten in einen Sturm und ertrinken, andere verirren sich und die Menschen verdursten langsam. Kämpfe und Krankheiten gibt es auch. ›Wenn jemand stirbt‹, sagte der Kapitän, ›wird er sofort über Bord geworfen. Egal wer, selbst wenn ich es bin. Ansonsten sind zwei Tage später alle anderen ebenfalls tot.‹ Das hättest du erleben sollen, keiner gab auch nur den geringsten Laut von sich. Alle hatten Angst. Es war, als würden wir in den Krieg ziehen.«

»Aber trotzdem haben alle die Reise angetreten?«

»Ja, denn die Not war größer als die Angst. Und die Hoffnung auch.«

Niklas versuchte sich vorzustellen, wie groß die Verzweiflung sein muss, um sein Leben auf diese Weise zu riskieren. In Deutschland bekommen viele bereits einen Herzinfarkt, wenn der Zug zu spät kommt oder das Schwarzbrot ausverkauft ist. Es wird von Krise geredet, wenn die Börsenkurse einstürzen und die Wirtschaft mal ein Jahr nicht wächst. Wirkliche Not ist der großen Mehrheit völlig unbekannt.

»Und wie war eure Reise?«, fragte er mit einem mulmigen Gefühl im Magen.

»Es hat fast alles gut geklappt«, sagte Khadim. »Nur einmal ist nachts der Motor ausgefallen und wir sind einige Stunden hilflos umhergetrieben. Noch nie in meinem Leben ist die Zeit so langsam vergangen. Ohne Motor mitten auf dem Ozean hätten wir nur noch geduldig auf den Tod warten können. Doch dann sprang er plötzlich wieder an und es ging weiter. Ach ja, und ein anderes Mal hätte der Kapitän fast das GPS-Gerät ins Wasser fallen lassen. Und wenn du draußen auf dem Meer nicht mehr weißt, wo du bist, dann kannst du nur noch beten.«

Niklas schaute rasch zur Küste, um sich zu vergewissern, dass die Lichter noch zu sehen waren.

»Ansonsten gab es keine Probleme«, fuhr Khadim fort. »Klar, einigen war furchtbar schlecht, vor lauter Angst und der Schaukelei mussten sie die ganze Zeit erbrechen. Das war nicht so lustig wie bei Pedro, der gemütlich zu Hause auf dem Sofa kotzen kann. Aber den meisten ging es den Umständen entsprechend gut. Wir haben uns viel unterhalten und sogar Witze gemacht. Und natürlich gab es auch schöne Momente. Wir haben viele Wale gesehen und einige von uns sind mitten im Ozean schwimmen gewesen. Es war ein richtiges Abenteuer!«

Die Angelschnur bewegte sich erneut und Khadim zog grinsend den zweiten Barsch ins Boot.

»Und wie ist es ausgegangen?«, wollte Niklas wissen. »Haben alle überlebt?«

»Ja, alle haben es geschafft. Am achten Tag haben wir am Horizont Berge gesehen und kurz darauf kam ein Hubschrauber der spanischen Küstenwache. Wenig

später hat uns dann ein großes Rettungsschiff einge-
sammelt. Als wir an Land waren, haben alle gejubelt.
Zuerst aus Erleichterung, weil wir die gefährliche Reise
unbeschadet überstanden hatten, und dann, weil wir
dachten, dass wir jetzt alle reich werden.«

Khadim lachte laut los und schüttelte dabei den Kopf.
»Es dauerte aber nicht lange, da musste jeder feststel-
len, dass das mit dem Reichtum eine bittere Illusion
war. Niemand war vorher in Europa gewesen, wir
kannten nur die Bilder aus dem Fernsehen, von schicken Autos und großen Villen. Und die ganzen Touris-
ten, die in den Senegal kommen und dort die teuren
Hotels bezahlen. Wir dachten, in Europa hat jeder Geld
und keiner Probleme.«

»Hat euch denn niemand gesagt, dass es nicht so ist?«
»Doch, natürlich. Alle, die erfolgreich geflüchtet sind,
warnen die Menschen daheim vor der Realität. Aber
das Problem ist, dass ihnen niemand glaubt. Sie gelten
als Lügner und als Egoisten, weil sie den vermeintli-
chen neu gewonnenen Reichtum nicht teilen wollen.
Und so lebt die Illusion weiter ...«

Erneut schüttelte Khadim den Kopf, dieses Mal ohne
Lachen.

»Als wir auf Las Palmas angekommen sind, haben wir
den ersten Monat in einem Auffanglager verbracht.
Da waren wir genauso frei wie die Insassen von Guan-
tanamo. Es war schrecklich! Von dort sind wir mit
dem Flugzeug an verschiedene Orte auf dem spanischen Festland gebracht worden, allerdings konntest
du nicht wählen, wo du hin wolltest. Mich haben sie
nach Málaga geflogen. Anfangs bekam ich für einige
Wochen Hilfe von einer Wohltätigkeitsorganisation,
doch dann war ich komplett auf mich alleine gestellt.

Die hundertfünfzig Euro, die ich mitgebracht hatte, waren da schon längst aufgebraucht. Ich war in einem fremden Land, hatte kein Geld, keine Papiere und kannte keine Menschenseele.«

»Und was hast du dann gemacht?«

»Irgendwer hat mir erzählt, dass es in Almeria Arbeit für Immigranten gibt. Dort bin ich dann hin und habe in den großen Gewächshäusern Südspaniens monatelang für einen lächerlichen Hungerlohn geschuftet. Tausende Afrikaner arbeiten dort unter erbärmlichen Bedingungen, sie leben in kaputten Hütten und spritzen den ganzen Tag Pestizide auf das Gemüse, das später an die Nordeuropäer verkauft wird. Die Pestizide sind noch schlimmer als der Hungerlohn. Ständig juckt dir die Haut und die Augen brennen und nach einiger Zeit bekommst du auch Atemprobleme. Irgendwann habe ich es dort nicht mehr ausgehalten und bin zurück nach Málaga. Da habe ich dann mit Hilfe einiger Freunde, die ich in Almeria kennengelernt hatte, angefangen, kopierte DVDs und nachgemachte Luxushandtaschen am Strand zu verkaufen. Zwölf Stunden am Tag bin ich über den heißen Sand gelaufen und dabei auch noch von den meisten Leuten herablassend behandelt worden. Wenn ich Glück hatte, waren am Abend fünfzehn Euro in meiner Tasche. Davon habe ich die Hälfte meiner Familie geschickt, es blieben also keine zehn Euro für mich. Versuch mal in Europa mit weniger als zehn Euro am Tag klar zu kommen … Wir haben mit zweiundzwanzig Leuten in einer Drei-Zimmer-Wohnung gelebt!«

Niklas wusste mittlerweile vor lauter Fassungslosigkeit nicht mehr, was er sagen sollte. Eine Weile saßen sie schweigend nebeneinander und starrten in die dunkle Nacht.

»Hast du nie daran gedacht, wieder in den Senegal zurückzugehen?«

Khadim holte einmal tief Luft und atmete langsam aus.

»Doch, hab ich. Oft sogar. Für lange Zeit war es ja so, dass ich zu Hause in Kayar auch nicht ärmer gewesen wäre als hier in Spanien, und außerdem hätte ich daheim ein viel würdevolleres Leben führen können. Aber ich wollte nicht aufgeben, ich wollte versuchen, spanische Papiere zu bekommen. Denn ein europäischer Pass hat einen entscheidenden Vorteil: Er garantiert zwar keinen Reichtum, aber er gibt dir Freiheit. Grenzenlose Freiheit!«

Er zog den dritten Fisch in das kleine Holzboot.

»Es wird etwas kalt, sollen wir zurück?«

»Ja, gute Idee«, erwiderte Niklas.

Khadim packte die Angel weg, holte eine Wasserflasche aus seinem Rucksack und nahm einen langen Schluck.

»Ich habe Glück gehabt. Heute besitze ich einen spanischen Pass, ich habe einen guten Job und wohne in einer schönen Wohnung. Letztes Jahr bin ich zum ersten Mal nach fünf Jahren wieder im Senegal gewesen und habe meine Familie und Freunde wiedergesehen. Die Regierung hat nach langen Protesten endlich den ausländischen Unternehmen die Fischereilizenzen entzogen, wodurch die Situation für alle wieder viel besser geworden ist. Ich könnte also ohne Probleme in mein altes Leben zurückkehren.«

Für einen Moment herrschte Stille.

»Trotzdem bleibe ich vorerst hier. Mein neues Leben ist schließlich auch gut, warum sollte ich das ändern wollen?«

Er lächelte zufrieden. Dann startete er den Motor und steuerte das Boot im Schein des aufsteigenden Mondes in Richtung Küste.

Auf dem Rückweg dachte Niklas über Khadims Geschichte nach und wagte einen Vergleich mit seinem eigenen Leben und dem seiner Freunde und Bekannten. Den meisten Menschen in der sogenannten westlichen Welt ist überhaupt nicht bewusst, wie leicht sie es haben. Sie beschweren sich ständig über lächerliche Kleinigkeiten und vergessen dabei, was wirklich wichtig ist. Nur ganz wenige wissen zu schätzen, wie verdammt gut es ihnen geht.

Kurz bevor sie das Ufer erreichten, fiel ihm auf, dass sie beide aus demselben Grund nach Spanien gekommen waren. Beide hatten sie ihre Heimat verlassen, weil sie auf einmal keine Arbeit mehr gehabt hatten, und beide hatten sie das Glück in der Ferne gesucht. Der große Unterschied war allerdings, dass Khadim als illegaler Einwanderer angekommen war und Niklas als gern gesehener Gast. Der eine war mit offenen Türen empfangen worden, der andere mit einem hohen Zaun. Zwei Menschen auf demselben Planeten, aber beide mit komplett verschiedenen Rechten und Freiheiten.

›Ob die Welt wohl irgendwann fairer wird?‹, fragte sich Niklas, als er wieder festen Boden unter den Füßen hatte. Momentan sah es leider nicht danach aus. Aber wie heißt es doch immer? Die Hoffnung stirbt zuletzt.

Verbundenheit

Dunkles Blut lief seinen Arm hinunter. Niklas drehte sich vor lauter Ekel weg und wartete, bis die wilden Zuckungen aufhörten. Mit einer scharfen Axt hatte Señor Gonzalez im Bruchteil einer Sekunde den kleinen Kopf abgetrennt, doch im Körper des toten Huhns steckte noch Leben. Es schien sich verzweifelt zu wehren und von der festen Umklammerung der großen Bauernhände entkommen zu wollen, doch es war natürlich schon längst zu spät. Einige Sekunden vergingen, dann war der Kampf vorbei – der Mensch hatte gewonnen und das restliche Blut des Tieres tropfte langsam auf den Boden.

Niklas nahm sich den Gartenschlauch und machte seinen Arm sauber. Es war das erste Mal, dass er hautnah miterlebt hatte, wie ein Huhn geschlachtet wurde.

»Gewöhnt man sich daran, Tiere zu töten?«, fragte er, während Señor Gonzalez das schlaffe Federvieh an einem Haken aufhängte, damit es vollständig ausbluten konnte.

»Ja und nein«, sagte der alte Bauer. »Auf der einen Seite bleibt mir nichts anderes übrig, wenn ich ab und an etwas Fleisch essen will. Und nicht nur bei mir ist das so: Wenn du Fleisch im Supermarkt kaufst, tötest du das Tier schließlich auch. Zwar nicht mit den eigenen Händen, aber mit deinem Geldbeutel. Da mache ich es dann in der Tat lieber selbst. Das erscheint mir ehrlicher, und außerdem habe ich es schon immer so gemacht.«

Er wusch sich ebenfalls und blickte auf das tote Tier.

»Auf der anderen Seite ist es allerdings nichts, was ich gerne tue. Ich sehe jedes meiner Hühner von klein auf heranwachsen und über viele Jahre geben wir uns gegenseitig Essen.« Nachdenklich starrte er geradeaus. »Sie gehören zu meiner Familie.«

Der Esel meldete sich mit einem lauten Iah zu Wort und in der Nähe bellten zwei Hunde.

»Früher hat es mir nicht so viel ausgemacht, da gab es hier jeden Monat mindestens einen Schlachttag. Aber mittlerweile fällt es mir immer schwerer. Ich töte auch schon lange keine jungen Tiere mehr. Nur die ganz alten, die ohnehin bald sterben werden. So müssen die Armen nicht leiden und ich habe zumindest etwas Hühnersuppe.«

Señor Gonzalez lächelte verlegen, dann nahm er das Huhn wieder vom Haken und tunkte es für zwei Minuten in einen Bottich mit heißem Wasser. Anschließend machte er sich daran, die Federn zu rupfen.

Niklas ging zum Feigenbaum, wo er sich in den Schatten setzte. Er selbst hatte sein ganzes Leben lang immer Fleisch gegessen, ohne großartig darüber nachzudenken und folglich auch ohne ein schlechtes Gewissen zu haben. Seine Eltern, seine Freunde, seine Kollegen – für alle um ihn herum war es völlig normal, fast jeden Tag tote Tiere zu verzehren. Allerdings war er sich sicher, dass keiner von ihnen selbst je ein Tier geschlachtet hatte. Entweder wurde im Restaurant ein saftiges Steak bestellt oder man griff im Supermarkt zu hübsch verpackten Würstchen und Hühnerfilets. Die Assoziation mit einem echten Tier war meistens nicht vorhanden. Doch Señor Gonzalez hatte vollkommen recht: Selbst bei einem abgepackten Stück

Fleisch besteht eine Verbindung zwischen Täter und Opfer. Niklas hatte mit seinen relativ jungen Jahren schon zahlreiche Hühner, Schafe und Kühe gegessen. Er hatte zwar nie selbst ein Tier umgebracht und war doch indirekt ein Massenmörder. Deshalb wurde er jetzt nicht gleich zum Vegetarier, aber das kleine unschuldige Huhn, das er gerade hatte sterben sehen, hatte ihn zum Grübeln gebracht. Wie einfach es doch ist, täglich zu töten, solange das Blut andere wegmachen.

Ob er wollte oder nicht, sein reines Gewissen wies plötzlich einige dunkle Flecken auf. Und das, obwohl es ein Huhn mit einem relativ glücklichen Leben gewesen war – er mochte gar nicht an all die Tiere aus der Massenhaltung denken. Im Fernsehen und im Internet hatte er bereits diverse Male schockierende Berichte über die erbärmlichen Bedingungen in Tierfabriken gesehen, aber das hatte nie dazu geführt, sein eigenes Handeln zu ändern. Vielleicht waren die Bilder auf dem Bildschirm einfach zu weit weg und verschwanden daher aus den Köpfen der meisten Menschen genauso schnell, wie Bilder von Krieg, Hunger und Armut.

Während er im kühlen Schatten saß und auf die trockene Erde starrte, nahm er sich fest vor, ab sofort deutlich weniger Fleisch zu essen. Außerdem würde er viel stärker darauf achten, wo dieses Fleisch herkam – aus einer riesigen Fabrik oder eben von einem kleinen Bauernhof. Sein Gewissen wurde dadurch nicht gänzlich bereinigt, aber er fühlte, dass es ein erster Schritt in die richtige Richtung war.

Ein Pfeifen ertönte und Niklas schaute auf. Señor Gonzalez stand am anderen Ende des Gartens und winkte ihn zu sich rüber.

»Was soll ich machen?«, fragte Niklas, als er bei ihm ankam.

»Gar nichts, ich wollte dir nur etwas zeigen. Komm mit!«

Zusammen gingen sie ums Haus herum und blieben vor einer kleinen Bretterbude stehen. Von außen sah es aus wie ein schon lange vergessener Geräteschuppen.

»Nachdem du eben dem Tod begegnet bist«, begann Señor Gonzalez, »solltest du nun auch das Gegenteil sehen.« Stolz zeigte er auf den alten Holzverschlag.

»Dort drinnen befindet sich eine Schatzkammer, prall gefüllt mit Leben!«

Er schob den rostigen Riegel zur Seite, zog die Tür auf und ging hinein. Niklas folgte ihm gespannt. Durch einige Löcher in der Wand fiel ein wenig Licht, aber es war nicht genug, um etwas erkennen zu können. Erst, als Señor Gonzalez eine von der Decke baumelnde Glühbirne anmachte, wurde es besser. Niklas schaute sich um, wusste aber immer noch nicht, woraus der Schatz bestand. Ringsherum standen Regale und jedes Fach war vollgestellt mit irgendwelchem Kram. Er sah Schuhkartons, Zigarrenkisten und verstaubte Einmachgläser. Fragend blickte er den alten Bauern an.

Señor Gonzalez lächelte geduldig und reichte ihm eine kleine Holzschachtel. Niklas nahm den Deckel ab und starrte auf einen Haufen winziger Kugeln. Dann wurde ihm auf einmal klar, wo er war.

»Samen! Das hier ist deine Samenbank!«

»Ganz genau«, erwiderte Señor Gonzalez mit strahlenden Augen. »Der größte Reichtum, den ein Bauer besitzen kann.«

Neugierig öffnete Niklas einige weitere Kisten und Schraubgläser und bestaunte das immense Sortiment, das der alte Bauer angesammelt hatte. Es gab Samen in den verschiedensten Größen und Formen und in allen erdenklichen Farben. Manche sahen aus wie Perlen, andere hatten spitze Zacken; manche waren noch viel kleiner als ein Stecknadelkopf, andere so groß wie ein Lutschbonbon.

»Und die pflanzt du alle bei dir im Garten?«, wunderte sich Niklas.

»Nach und nach, ja. Mindestens einmal alle drei oder vier Jahre muss ich sie aussäen, um sie am Leben zu halten. Das ist das Besondere an diesem Schatz: Du kannst ihn nur behalten, wenn du dich regelmäßig von ihm trennst.«

Señor Gonzalez griff nach einer braunen Schachtel, wischte die dicke Staubschicht weg und klappte den Deckel zur Seite. Im Inneren befand sich eine längliche Blechdose.

»Diese hier sind zum Beispiel nach dem Sommer dran.« Er öffnete die Dose, nahm eine Handvoll der weißen Samen und ließ sie durch seine Finger zurück in den Behälter rieseln.

»Das sind Kürbisse. Aber nicht einfach irgendwelche, sondern Kürbisse, die schon mein Großvater angebaut hat. Und er hatte sie von seinem Großvater. Schon seit vielen Generationen werden sie in meiner Familie weitergegeben, sie haben meine Vorfahren ernährt und jetzt ernähren sie mich.« Er hielt einen Moment inne. »Sie sind eine Verbindung zwischen meiner Vergangenheit und meiner Zukunft.«

Niklas zeigte auf ein anderes Glas im Regal.

»Und diese?«

»Das sind Brokkoli-Samen vom letzten Jahr.«

»Aus diesen kleinen Dingern werden so große Pflanzen?«, staunte Niklas, worauf der alte Bauer mit einem entschiedenen Nicken antwortete.

»*Hay que ver, eh? Das muss man sich mal vorstellen!*« Niklas ließ sich in Gedanken durch die Zeit treiben und erinnerte sich an seine eigene Großmutter. Als er ein Kind gewesen war, hatte sie ihm manchmal eine Erbse oder einen Sonnenblumenkern gezeigt und ihm demütig von dem Wunder eines Samens vorgeschwärmt. Er hatte nie wirklich verstanden, woher ihre Begeisterung gekommen war. Nun fing er langsam an, ihre Worte zu begreifen.

»Früher gab es solche Schatzkammern bei jedem Bauern«, sagte Señor Gonzalez nach einer Weile. »Doch heutzutage macht sich kaum noch jemand die Mühe, den eigenen Samenbestand zu pflegen. Alle meine Nachbarn kaufen ihr Saatgut von einem Großhändler, und viele dieser Samen sind so stark genetisch verändert, dass sie sich nicht mehr vermehren lassen. Die Pflanzen produzieren nur noch tote Samen. Dadurch muss man jedes Jahr neues Saatgut kaufen, statt die eigenen Samen vom Vorjahr benutzen zu können.«

Verständnislos schüttelte er den Kopf.

»Was für eine Geldverschwendung!«

Niklas konnte ihm nur zustimmen, aus Sicht eines Bauern machte es überhaupt keinen Sinn. Für ein Unternehmen, das diese Art von Einweg-Saatgut herstellte, war es allerdings ein großartiges Geschäftsmodell. Wenn erst einmal ein neuer Kunde gewonnen ist, entsteht eine völlige Abhängigkeit, was wiederum ein stetes Einkommen garantiert. Bei seiner Bank wäre so ein Unternehmen mit offenen Armen empfangen worden.

»Das wirklich Schlimme ist aber nicht das Geld, das verloren geht, sondern die Vielfalt«, fuhr Señor Gonzalez mit trauriger Stimme fort. »Vor fünfzig Jahren hatte fast jeder Bauer seine eigene Tomatensorte. Stell dir nur vor, wie herrlich bunt es damals auf dem Markt aussah! Heute gehst du in den Supermarkt und wenn du Glück hast, findest du drei verschiedene Arten: klein, groß und ganz groß. Und keine einzige schmeckt!«

Beide lachten, aber es war kein fröhliches Lachen.

Niklas kam ein merkwürdiger Gedanke: Vielleicht steht der Untergang der Samenvielfalt sinnbildlich für die Entwicklung der Gesellschaft. Denn auch wenn es nach wie vor viele einzigartige Individuen gibt, so ist doch klar zu erkennen, dass sich die breite Masse der Menschheit immer weniger unterscheidet. Je mehr sich die Pflanzen ähneln, so scheint es, desto mehr ähneln sich auch die Menschen, die sie essen. Aufregende Vielfalt wird zu langweiliger Monokultur.

Señor Gonzalez nahm einen tiefen Atemzug und zuckte hilflos mit den Schultern. Er hatte immer noch die Dose mit den Kürbiskernen seiner Vorfahren in der Hand. Erneut ließ er einige durch seine Finger rieseln.

»In jedem einzelnen dieser Samen steckt ein Neuanfang«, sagte er fast flüsternd. »Es sind alles winzige Wesen, die in sich eine verborgene Kraft tragen. Schlummernde Seelen, die darauf warten, zum Leben erweckt zu werden.«

Beide schauten zu, wie die letzten Kerne wieder in die Dose fielen.

»Keine zwei sind gleich und alle haben das Potenzial, außergewöhnlich zu sein. Man muss nur jedem eine Chance geben.«

Dann verschloss der alte Bauer sorgfältig die Dose, stellte sie in das Regal und machte das Licht aus.

Einige Tage später saßen die beiden auf zwei Klappstühlen neben dem Eingangstor und erholten sich von der schweißtreibenden Gartenarbeit. Bis zum frühen Nachmittag hatten sie unentwegt gegossen, gejätet und geerntet. Jetzt hatte jeder ein kaltes Bier in der Hand und sie genossen ihre wohlverdiente Pause.

»Viel Alkohol trinkst du nicht, oder?«, fragte Niklas. Er hatte Señor Gonzalez in über zwei Monaten bisher noch kein Mal ein Bier oder ein Glas Wein trinken sehen.

»Nein, nur manchmal im Sommer, wenn es heiß ist. Ich habe zum Glück keine Schwäche für Alkohol. Wer weiß, ob ich sonst noch so gesund wäre.«

»Und Kekse oder Schokolade scheinst du auch nicht zu mögen.«

Der alte Bauer grinste.

»Doch, Kekse mag ich! Aber nicht tagsüber. Ich esse immer welche zum Abendbrot.«

»Du isst Kekse zum Abendbrot? Du meinst als Nachtisch?«

»Nein, nicht als Nachtisch. Abends gibt es bei mir nur ein paar Kekse, sonst nichts. Das mache ich schon immer so.«

»Sehr gesund ist das aber nicht«, merkte Niklas an.

»Das stimmt. Aber es ist weitaus weniger schädlich, als sich vorm Schlafen den Magen mit schwer verdaulichem Essen vollzuhauen. Das ist etwas, was ich von meiner Mutter gelernt habe: Wenn du nachts ruhen willst, hatte sie immer gesagt, dann sorge dafür, dass dein Körper sich nicht mit anderen Dingen beschäftigen muss. Denn wenn der Magen voll ist und hart arbeiten muss, wie soll sich da der Körper aufs Schlafen konzentrieren können?«

Er nahm einen Schluck aus der Bierflasche. Niklas starrte ihn leicht verwirrt an.

»Aber hast du abends keinen Hunger?«

»Nicht viel. Ich esse über den Tag verteilt zwei große Mahlzeiten mit viel Gemüse, das reicht. Außerdem ist ein klein wenig Hunger besser, als morgens schlecht erholt aufzuwachen.«

Niklas sah ihn weiterhin skeptisch an.

»Das ist aber nur meine Meinung«, sagte Señor Gonzalez. »Probiere es selbst aus, dann wirst du sehen, wie es sich anfühlt. Ich kann nur von meiner eigenen Erfahrung erzählen und die ist seit achtundsiebzig Jahren positiv.«

Fast achtzig Jahre lang nur Kekse als Abendessen, hielt Niklas in Gedanken fest. Der alte Bauer schaffte es immer wieder, ihn zu überraschen. Und nicht nur das: Fast bei jedem Besuch wurde die enge Weltsicht des früheren Bankangestellten aufs Neue herausgefordert. Eine Weile schwiegen sie und lauschten den Klängen ihrer Umgebung. Der leichte Wind, der über das Land wehte, ein paar Enten auf dem Nachbargrundstück und in der Ferne ein vorbeifahrendes Auto. Dazu als Begleitung das permanente Singen der Zikaden. Ein typisches Geräusch des Südens.

»Bist du eigentlich viel gereist?«

Señor Gonzalez nahm seine Kappe ab und kratzte sich am Hinterkopf.

»Lass mich überlegen ... Beim Militär war ich in der Nähe von Ronda stationiert und später noch in Málaga. Mein Bruder hat in Jimena de la Frontera gelebt; bis er gestorben ist, war ich also mindestens zwei Mal im Jahr dort. Und dann noch ab und zu in La Línea und San Roque.«

Niklas stutzte.

»Das sind aber alles Orte hier in der Nähe. Ich meine, bist du viel in andere Länder gereist?«

Der alte Bauer schaute auf den großen Eukalyptusbaum, der auf der anderen Seite des Weges stand.

»Andere Länder? Nein, ich war immer hier.«

»Und in Spanien? Warst du nie in Barcelona oder Madrid?«

»Um Gottes willen!«, entgegnete Señor Gonzalez sofort. »Was soll ich denn da?« Allein schon die Vorstellung löste einen panischen Blick bei ihm aus. »Nein, so eine große Stadt ist nichts für mich. Da würden sie mich nur tottrampeln.«

Niklas konnte sich ein Schmunzeln nicht verkneifen.

»Du willst mir also sagen, dass du dich noch nie weiter als hundert Kilometer von hier entfernt hast?«

Señor Gonzalez begann, in Gedanken die verschiedenen Orte durchzugehen. Dabei sagte er die jeweilige Entfernung leise vor sich hin.

»Dreißig ... sechzig ... achtzig ...«

Er zögerte einen Moment, dann hatte er die Antwort.

»Nein, nie weiter als Hundert.«

Niklas sah ihn staunend an. Zuhause in Deutschland kannte er Leute, die jeden Monat in eine andere europäische Stadt flogen. Viele seiner Freunde hatten bereits die halbe Welt bereist und auch ihn selbst packte regelmäßig das Fernweh.

»Hattest du denn nie Lust, ein anderes Land kennenzulernen, oder wenigstens eine andere Gegend?«

Der alte Bauer schüttelte den Kopf.

»Ich war immer glücklich hier in Estepona.«

»Und du bist dann auch noch nie mit einem Flugzeug
geflogen?«

»Oh nein, in so ein Ding würde ich nicht mal einstei-
gen, wenn du mir Geld geben würdest. In einem Me-
tallkasten durch die Luft zu fliegen, ich bin doch nicht
wahnsinnig!«

»Aber in einem Boot warst du schon?«

»Ja, aber nur in einem kleinen und nur in der Nähe
der Küste.«

Er hielt einen Moment inne und blickte nach unten.

»Ich bin ein Erdmensch, ich brauche immer festen
Boden unter den Füßen.«

Niklas konnte sich ein Leben gänzlich ohne fremde
Länder und Kulturen nicht vorstellen, trotzdem bewunderte er den alten Bauern. Wenn man rundum
glücklich war, dort, wo man lebte, wieso sollte man
dann woanders hin?

»Wer würde sich außerdem um meinen Garten kümmern, wenn ich lange verreisen würde«, fuhr Señor
Gonzalez fort. »Nein, ich gehöre hier auf mein Land.«

Er stand auf und ging zum Haus. Kurz darauf kam
er mit einem Glas Wasser und einem weiteren Bier
zurück. Das Bier reichte er seinem Besucher und mit
dem Wasser in der Hand setzte er sich wieder auf den
Klappstuhl.

»Guck mal«, sagte Niklas plötzlich und zeigte zum
Himmel. Hoch über ihnen schwebte ein Adler. Still-
schweigend beobachteten sie für eine Weile seinen
graziösen Flug.

»Ja, wenn ich ein Vogel wäre«, begann Señor Gonzalez zu träumen, »dann wäre die Luft mein Zuhause. Und ich glaube, das Beste daran wäre die Freiheit. Denn der Himmel ist der einzige Ort, an dem es keine Grenzen gibt.«

Er senkte den Blick und ließ ihn durch die Nachbarschaft schweifen.

»Schau dich nur um, so viele Gitter und Zäune. Und in der Welt ist es doch das Gleiche: Überall gibt es Mauern und Grenzen und Menschen streiten sich, weil sie meinen, die auf der anderen Seite sind böse und wollen ihnen etwas wegnehmen. Dabei ist es völlig absurd: Sie verteidigen eine Linie, die es in Wahrheit gar nicht gibt.«

Wieder schüttelte der alte Bauer den Kopf.

»Keine fünfzig Kilometer von hier liegt Gibraltar, da haben sie aus einem einzelnen Felsen einen eigenständigen Staat gemacht. Wozu?«

Niklas wusste es auch nicht. Warum sperrte man mit künstlichen Grenzen den Zugang zu einem Felsen ab? Es war genau eine der Fragen, die so typisch für Señor Gonzalez waren. Sie zeigte, dass man nicht an ferne Orte fahren musste, um sich über die Welt Gedanken zu machen. Mehr noch: Ohne sich vom Fleck zu bewegen, gelang dem alten Bauern, was selbst vielen Reisenden nicht gelingt, nämlich das Leben und die Welt um sich herum mit offenen Augen zu betrachten.

»So viel Spaltung und Trennung überall«, sagte Señor Gonzalez nachdenklich. »Und die schlimmste Trennung von allen ist, dass die Menschen die Verbindung zur Natur immer mehr verlieren. Ich glaube, deswegen gibt es auch so viele kranke und unglückliche Leute.

Denn ohne eine direkte Verbindung zur Natur, da wird man doch verrückt!«

Mit einem bangen Gesichtsausdruck starrte er Niklas an. Dann drehte er sich zum Garten und kurz darauf verschwanden seine Sorgenfalten genauso schnell, wie sie gekommen waren.

»Wenn ich die frische Landluft einatme und meine Finger wie Wurzeln in die Erde tauche, spüre ich, dass ich mit allem verbunden bin. Dann gibt es keine Trennung, dann ist alles um mich herum Teil von ein und demselben Leben.«

Da war es wieder, sein wundervolles Lächeln.

»Und weil ich ein Teil von allem bin, muss ich mich um alles gut kümmern«, fügte er noch hinzu. »Vor allem um die Erde, sie ist das Wichtigste. Sie ist unser Zuhause.«

Angst

An einem heißen Mittwochmorgen in der zweiten Juniwoche frühstückten die WG-Bewohner zusammen auf der Terrasse. Danach ging Khadim in den Ort, um Geld an seine Familie im Senegal zu überweisen, während die anderen noch eine Weile im Schatten der dunkelroten Markise sitzen blieben.

Eva zog auf eine kleine Bank um und fing an, sich die Nägel zu lackieren. Sie trug ein kurzes weißes Kleid und hatte ihre Haare kunstvoll mit einem Holzstab hochgesteckt. Einige schwarze Strähnen fielen über ihr Gesicht und berührten sanft ihre linke Schulter. Niklas und Pedro hockten ihr gegenüber am Tisch und tranken Kaffee. Ihre Blicke wanderten immer wieder zu der ungarischen Schönheit, die so nah und doch so fern war.

Trotz aller Anstrengungen war es bisher keinem der drei Männer gelungen, mehr als ein freundschaftliches Lächeln von ihr zu ergattern. Sie probierten es immer wieder mit kleinen Schmeicheleien und Nettigkeiten, aber Eva ließ ihre Verehrer ein ums andere Mal charmant abblitzen. Sie war Single und sie war glücklich, und an beidem schien sie nichts ändern zu wollen.

Auf der Nachbarterrasse lief das Radio mit den morgendlichen Nachrichten. Zuerst ging es wie so oft um die neuesten Skandale einiger Politiker, anschließend um den andauernden Konflikt im Nahen Osten.

»Ob es dort drüben je Frieden geben wird?«, wunderte sich Niklas.

»Nicht, so lange uns weiterhin das Märchen vom Krieg gegen den Terror erzählt wird«, sagte Pedro. »Und vor allem nicht, solange wir dieses Märchen glauben.«

»Wieso Märchen?«, fragte Niklas etwas irritiert. »Es gibt doch tatsächlich immer mehr Terroranschläge.«

»Ja, aber warum gibt es sie? Weil die einen gut und die anderen böse sind?« Pedro runzelte die Stirn. »Nein, damit macht man es sich zu einfach. Der Terror ist leider real, das stimmt, aber er ist nur eine Folge. Die Ursache ist eine andere.«

»Und die wäre?«

»Das ist eine komplizierte Geschichte«, seufzte der Spanier. »Wie bei den meisten Konflikten geht es aber in erster Linie um Rohstoffe.«

Niklas sah ihn skeptisch an.

»Auf der Welt werden täglich über 90 Millionen Fässer Erdöl verbraucht«, holte Pedro etwas weiter aus. »Jeden Tag! Weißt du, wie viel das ist?«

»Sehr viel.«

»Richtig. Und fast die Hälfte dieses Verbrauchs geht auf die Kappe von Europa und Nordamerika. Allerdings hat Europa so gut wie kein eigenes Öl und die USA haben auch nur noch relativ wenig. Die größten Reserven befinden sich, abgesehen von Saudi-Arabien und Kanada, in Ländern wie Irak, Iran, Libyen, Venezuela und Russland. Und es sind genau diese Länder, die vom Westen als böse dargestellt und angegriffen werden. Meinst du wirklich, das ist Zufall?«

Niklas starrte ihn an und wusste nicht, was er sagen sollte. Nein, nach Zufall hörte es sich nicht an. Er zuckte mit den Achseln.

»Der ganze Nahe Osten ist ein riesiger Konfliktherd, weil die halbe Welt sich um die dort liegenden Bodenschätze streitet und skrupellose Machtspiele abhält. Ich finde, das ist völlig offensichtlich.«

Pedro trank einen Schluck Kaffee. Er war manchmal ein ganz schöner Klugscheißer, dachte Niklas. Aber durch seine Arbeit mit den Solaranlagen hatte er sich mit dem Rohstoffthema wahrscheinlich viel intensiver beschäftigt als der Durchschnittsbürger. Plausibel klang es allemal.

»Ohne Öl gäbe es keine Autos und Flugzeuge, keine Computer, Handys oder sonstige Dinge, die aus Plastik gemacht sind. Keine Kühlschränke, keine Putzmittel und auch kaum Medikamente. Kurzum: All die Dinge, an die wir uns gewöhnt haben und die unser Dasein etwas angenehmer machen, würden ohne Öl nicht existieren.«

Pedro schaute seinen Mitbewohner ernst an.

»Wie soll es also dort drüben Frieden geben, wenn das schwarze Gold der Treibstoff für unser komfortables Leben ist?«

Erneut zuckte Niklas mit den Achseln.

»Über 90 Millionen Fässer pro Tag«, wiederholte Pedro. »Wir sind vollkommen süchtig! Und wie ein Junkie schrecken wir vor nichts zurück, um den nächsten Schuss zu bekommen.«

»Ist dieser Vergleich nicht zu hart?«

»Mag sein«, entgegnete Pedro, »aber es ist doch so. Und es ist ja auch kein Wunder, dass wir Kriege führen, wenn wir ohne Öl nicht leben können. Nimm zum Beispiel die Landwirtschaft: Wir brauchen Benzin, um mit den Traktoren über die Felder zu fahren. Für die Herstellung der Pestizide und des Kunstdüngers werden ebenfalls große Mengen Öl benötigt, genauso wie später für den Transport der Ernte. Ein Großteil der heutigen Landwirtschaft funktioniert auf diese Weise. Das heißt, dass wir mittlerweile sogar vom Erdöl abhängig sind, um essen zu können!«

»Es sei denn, es gibt jemanden wie Señor Gonzalez in der Nähe«, fügte Niklas an.

Pedro schmunzelte.

»Ja, der braucht weder einen Traktor noch künstlichen Dünger. Und seine Kunden könnten theoretisch auch alle zu Fuß zu ihm kommen. Wenn es morgen kein Öl mehr gäbe, dann wäre der alte Kerl auf einmal einer der wertvollsten Freunde, den du haben kannst.«

Für einige Momente schwiegen beide. Im Radio des Nachbarn wurde von einem landesweiten Streik der Lastwagenfahrer erzählt. Es war eine Nachricht, die schon bald gravierende Folgen für alle Menschen in Spanien haben sollte. Zu diesem Zeitpunkt ahnte jedoch noch niemand, was auf sie zukam. Und da Niklas und Pedro ohnehin in ihr Gespräch vertieft waren, schenkten sie den Worten des Radiosprechers auch keine besondere Aufmerksamkeit.

»Anstatt Bauern wie Señor Gonzalez zu unterstützen, geben wir unser Geld den großen Konzernen. Und als ehemaliger Banker wirst du mit Sicherheit wissen, dass für Konzerne nur eines wichtig ist: Wachstum!«

Niklas konnte dazu nur nicken. Das ganze Wirtschaftssystem basierte in der Tat auf fortlaufendem Wachstum. Ohne Aussichten auf steigende Gewinne würde kein Unternehmen einen Kredit bei einer Bank bekommen.

»Das Problem ist«, fuhr Pedro fort, »dass ein Konzern viel mächtiger ist als ein kleiner lokaler Betrieb oder ein einzelner Bauer. Die Großen haben Geld, um alles in Masse zu produzieren, riesige Werbekampagnen durchzuführen und sich politischen Einfluss zu erkaufen. Als Konsument merkt man meistens gar nicht, dass die Konzerne gierig und rücksichtslos nach höheren Umsätzen streben, weil man der eigenen Habsucht verfällt und nur den billigen Preis eines tollen Produktes sieht. Wobei die ach so tollen Produkte immer schlechter werden. Schon mal was von ›geplanter Obsoleszenz‹ gehört?«

Niklas warf ihm einen fragenden Blick zu.

»Da werden Produkte absichtlich so hergestellt, dass sie nur eine begrenzte Zeit lang funktionieren. Drucker sind ein gutes Beispiel, aber auch bei Handys, Autos und Klamotten ist es so. Technisch gesehen könnte man all diese Dinge so gut verarbeiten, dass sie lange halten, doch das würde natürlich bedeuten, dass die Menschen weniger konsumieren. Wenn ein Handy zehn Jahre halten würde, bräuchtest du nicht alle zwei Jahre ein neues. Um weiteres Wachstum zu garantieren, wird also in Kauf genommen, große Mengen an nicht erneuerbaren Rohstoffen völlig unnötig zu verschwenden.«

Wieder schwiegen sie eine Weile. Dann meldete sich plötzlich Eva zu Wort.

»Wollt ihr wissen, wie meine Oma früher in Ungarn Möbel gekauft hat?«

Beide Männer drehten sich überrascht um und schauten sie neugierig an.

»Wenn sie ein Regal brauchte, ist sie zum Schreiner gegangen, hat sich eins ausgesucht und es dann aus dem ersten Stock aus dem Fenster geworfen. Nur, wenn es unten heil angekommen ist, hat sie es gekauft. Schließlich sollte es ein Leben lang halten.«

»Eine kluge Frau, deine Oma«, erwiderte Pedro beeindruckt.

Niklas hingegen hatte einige Zweifel, ob die Geschichte wirklich der Wahrheit entsprach. Aber selbst wenn nicht, so symbolisierte sie doch auf beeindruckende Art und Weise, wie dumm das Kaufverhalten des modernen Menschen ist. Qualität? So ein Quatsch, Hauptsache von allem viel und alles ganz billig und schnell.

Eva pustete über ihre fertigen Nägel, dann stand sie auf, packte ihre Sachen ein und verabschiedete sich von den beiden Männern. Niklas und Pedro standen ebenfalls auf und räumten den Frühstückstisch ab. Auf dem Weg in die Küche wandte sich der Spanier noch einmal Niklas zu.

»Ich fürchte, der Kampf um Rohstoffe wird erst aufhören, wenn wir anfangen, unsere eigene Sucht nach diesen Rohstoffen zu bekämpfen. Denn die einzige wirkliche Schwachstelle der großen Konzerne sind wir, die Kunden. Wenn wir ihr Spiel nicht mehr mitspielen, werden sie sich zwangsläufig auch ändern müssen. Letzten Endes entscheidet also jeder durch sein individuelles Konsumverhalten, ob der Krieg um Rohstoffe weiterhin befeuert und nebenbei auch noch die Umwelt zerstört wird, oder ob man aus diesem Teufelskreis aussteigt und anfängt, eine nachhaltige und friedliche Lebensweise zu fördern. Möglich ist beides.«

Den ganzen restlichen Tag verbrachte Niklas bei Señor Gonzalez und half ihm bei der Kartoffelernte. Auch am nächsten Tag waren sie noch bis nachmittags damit beschäftigt, die kostbaren Erdäpfel aus dem Boden zu klauben. Hunderte Kilos fuhren sie nach und nach in einer Schubkarre vom Garten zum kleinen Haus. Dort füllten sie die Kartoffeln in Holzkisten um und schleppten sie in eine Abstellkammer, die als Lager diente. Es war harte Arbeit, aber wie eigentlich jede Arbeit im Garten fühlte sie sich verdammt gut an.

Als sie fertig waren, setzten sie sich wieder am Eingangstor auf die beiden Klappstühle und genossen ein kaltes Bier. Sie hatten gerade ausgetrunken, da fuhr ein Wagen vor. Wieder war es der nervige Stadtbeamte. Mit arrogantem Schritt und einem Briefumschlag in der Hand kam er auf sie zu.

»*Hola*«, begrüßte ihn Señor Gonzalez mit einem vorsichtigen Lächeln.

Der Stadtbeamte sparte sich eine Begrüßung.

»Sie haben die Anzeige noch nicht bezahlt.«

»Das weiß ich«, erwiderte Señor Gonzalez. »Ich habe momentan auch kein Geld, um sie zu bezahlen. Nächste Woche vielleicht, wenn ich einen Teil der Kartoffeln verkauft habe.«

Der Mann guckte ihn verärgert an.

»Sie verstehen wohl nicht, worum es hier geht.«

»Doch, das tue ich«, sagte der alte Bauer mit ruhiger Stimme. »Ihr wollt hier Ferienwohnungen und einen Golfplatz bauen, und dafür braucht ihr mein Land.«

Mit einem Schlag war es still. Die zwei Andalusier sahen sich schweigend in die Augen, beide mit dem Wissen, dass Señor Gonzalez Recht hatte. Niklas beobachtete die Szene von seinem Stuhl aus und wartete gespannt, wie der Beamte reagieren würde.

»Sie können denken, was Sie wollen«, sagte er schließlich. »Fakt ist, dass Sie hier unerlaubt Gemüse verkaufen. Diverse Male habe ich Sie bereits verwarnt und eine erste Anzeige haben Sie auch schon bekommen. Hier ist nun die zweite.«

Er reichte ihm den Umschlag.

»Ich rate Ihnen, die Sache ernst zu nehmen«, fügte er noch hinzu. »Seien Sie vernünftig und lassen Sie die Spielchen sein. Sie können eh nicht gewinnen.«

Dann drehte er sich um, ging zum Auto und fuhr davon.

»Die Spielchen sein lassen«, wiederholte Señor Gonzalez, während er regungslos die vom Wagen aufgewirbelte Staubwolke anstarrte. »Die Frage ist, wer hier ein Spiel spielt.«

»Noch ein Bier?«, fragte Niklas.

»Ja, heute nehme ich auch noch eins.«

Niklas verschwand im Haus und kam kurz darauf mit den Getränken zurück.

»Gibt es nicht eine Möglichkeit, den Gemüseverkauf zu legalisieren?«, wollte er wissen, als er sich wieder hingesetzt hatte.

»Nicht wirklich«, antwortete der alte Bauer. »Zum einen müsste ich für die Zulassung und die ganzen Stempel viel Geld bezahlen. Viel zu viel für so ein kleines Stück Land. Zum anderen würde ich ohnehin keine Lizenz bekommen, selbst wenn ich es versuchen würde.«

»Aber solange du alles vorschriftsmäßig einreichst, sollte es doch keine Probleme geben.«

Señor Gonzalez schüttelte den Kopf und lächelte dabei amüsiert.

»Wir sind hier nicht in Deutschland, wo vielleicht immer alles nach Vorschrift läuft. In Andalusien funktionieren die Dinge anders. Wenn hier die Leute bei der Stadt andere Interessen verfolgen, hat man keine Chance. Egal, wie viele Anträge ich einreichen würde, eine Lizenz für den legalen Gemüseverkauf würde ich nicht bekommen.«

Eine Weile saßen sie schweigend da und tranken ihr Bier. Die Sonne war mittlerweile hinter dem großen Eukalyptusbaum verschwunden und ein dunkler Schatten hing über ihnen. Niklas dachte angestrengt nach, was es sonst noch für Möglichkeiten gab, das Problem mit der Stadt und den Anzeigen zu lösen. Doch so sehr er grübelte, er fand nur eine weitere Option.

»Und was ist, wenn du dein Land doch verkaufst?«

Señor Gonzalez nickte langsam.

»Du könntest dir ein anderes Grundstück suchen«, fuhr Niklas fort. »Ein kleineres an der Küste oder ein etwas größeres im Landesinneren. Wenn es so ist, dass du gegen die Stadt sowieso nicht gewinnen kannst, dann ist es vielleicht besser, aufzugeben.«

Das Nicken des Bauern hörte abrupt auf.

»Ob du es glaubst oder nicht, ich habe lange darüber nachgedacht. Sehr lange sogar, und sehr gründlich. Aber es kommt für mich nicht in Frage.«

Er schaute Niklas an.

»Seit fast acht Jahrzehnten lebe ich hier. Ich bin hier geboren und habe so gut wie jeden Tag diesen Boden unter meinen Füßen gehabt. Ich habe die Bäume, die hier stehen, wachsen gesehen und mit meinen Händen habe ich jeden einzelnen Stein berührt.«

Seine Stimme und sein Gesicht waren mit Stolz und Demut gefüllt.

»Nein, dieser kleine Flecken Erde und ich, wir gehören zusammen.«

Langsam ließ er seine Augen umherwandern. Dann verschwanden auf einmal Stolz und Demut aus seinem Gesicht und an ihre Stelle traten große Sorgenfalten.

»Alles in Ordnung?«, erkundigte sich Niklas. Doch im selben Moment ärgerte er sich über seine dumme Frage. Wie sollte alles in Ordnung sein?

Señor Gonzalez starrte traurig ins Nichts.

»Manchmal habe ich Angst. Angst, das alles hier zu verlieren. Es ist das Einzige, was ich habe und das Einzige, was ich kenne. Wo soll ich hin, wenn sie mir das wegnehmen?«

Niklas sah ihn mitfühlend an. Er hätte ihm so gerne geholfen, aber er wusste nicht wie. Die Situation schien aussichtslos – die korrupten Behörden wollten ihn mit aller Macht vertreiben. Der alte Bauer hatte jedoch auf seinem Land und in diesem Leben so tiefe Wurzeln geschlagen – ihn jetzt zu verpflanzen würde vermutlich sein Ende bedeuten.

»Vor dem Tod fürchte ich mich eigentlich gar nicht«, sagte Señor Gonzalez, als hätte er die Gedanken des jungen Deutschen gelesen. »Aber die Vorstellung, an einem fremden Ort sterben zu müssen, davor graut es mir.«

Niklas spürte, wie ein kalter Schauer über seinen Rücken lief.

»Und was wirst du jetzt machen? Wegen der Anzeigen und der Bedrohung durch den Golfplatz?«

Der alte Bauer zögerte einen Moment.

»Was soll ich schon machen?«, sagte er schließlich. »Morgen werde ich mich wie jeden Tag um die Tiere und den Garten kümmern. Mit oder ohne Angst, das Leben geht weiter. Den Rest werden wir dann sehen.«

Als Niklas am frühen Abend an der Wohnung ankam, bepackt mit einer großen Tüte frischer Kartoffeln, hörte er von drinnen hektische Schritte. Er wollte gerade den Schlüssel ins Schloss stecken, da wurde die Tür aufgerissen und Pedro stürmte ihm entgegen. Unter seinem Arm trug er einen Haufen Einkaufstaschen. »Du scheinst es eilig zu haben«, stellte Niklas nüchtern fest.

»Lass die Sprüche sein und komm lieber mit!«

»Wohin?«

»In den Supermarkt.«

»Jetzt?«

»Ja, jetzt!«, fuhr ihn Pedro an.

»Und warum?«

»Wegen des Streiks der Lastwagenfahrer.«

Niklas sah ihn entgeistert an.

»Was?«

»Komm schon, ich erkläre es dir unterwegs.«

Er riss Niklas die Tüte mit den Kartoffeln aus der Hand, stellte sie im Flur ab und zog die Tür zu. Dann ging er in hohem Tempo über den Innenhof in Richtung Straße. Niklas trottete verwirrt hinter ihm her. Am liebsten hätte er seinen Mitbewohner einfach ignoriert – nach dem emotionalen Gespräch mit Señor Gonzalez über das mögliche Ende des Gartens war ihm überhaupt nicht nach Einkaufen zu Mute. Und wozu die ganze Eile? Aber Pedro hatte einen seltsam ernsten Gesichtsausdruck gehabt und eindringlich darauf bestanden, dass er mitkam. Niklas fühlte, dass er keine Wahl hatte.

Eine Minute später saßen sie bereits im Auto und waren losgefahren. Pedro begann zu erzählen.

»Seit drei Tagen streiken in ganz Spanien die Lastwagenfahrer. Anfangs hat das niemanden interessiert, auch mich nicht. Obwohl ich es mir eigentlich hätte denken können ...«

»Was denn?«

»Ganz einfach: dass ohne Lastwagenfahrer auch keine Lastwagen fahren.«

»Ach, sag bloß.«

Pedro grinste einen Moment, dann warf er ihm einen ungeduldigen Blick zu.

»Was meinst du, wo die ganzen Supermärkte ihre Waren herbekommen?«

Langsam begann es Niklas zu dämmern.

»Mit Eseln wird hier schon lange nichts mehr transportiert«, fuhr Pedro fort, während er über eine rote Ampel raste. »Alles kommt per LKW!«

»Okay, aber musst du so schnell fahren?«

Pedro ging leicht vom Gas.

»Vor allem frische Produkte wie Milch, Fleisch und Gemüse werden jeden Tag neu geliefert. Wenn es einige Tage keinen Nachschub gibt, sind die Regale ruckzuck leer.«

»Und du meinst, der große Supermarkt ist auch schon leer?«, fragte Niklas skeptisch. Er wusste mittlerweile, dass die Spanier dazu neigten, ständig zu übertreiben.

»Ich hoffe nicht. Aber eben kam in den Nachrichten, dass in einigen Orten in Andalusien schon Chaos in den Läden herrscht.«

Kurz bevor sie den Supermarkt erreichten, stieg Pedro plötzlich in die Bremsen. Beide starrten sie auf das Ende einer langen Autoschlange – vor der Einfahrt war der Verkehr komplett zum Erliegen gekommen. Ohne lange zu überlegen fuhr Pedro den Wagen halb auf den Bürgersteig und stellte ihn dort ab. Zu Fuß gingen sie die Straße entlang und überquerten anschließend den völlig überfüllten Parkplatz des Supermarktes.

»Wir scheinen nicht die Einzigen zu sein, die die Idee mit dem Einkaufen hatten«, merkte Niklas ironisch an. Pedro hörte gar nicht zu und marschierte direkt auf den Eingang zu. Im Supermarkt verging dann auch Niklas das Lachen. Er traute seinen Augen kaum: Die meisten Regale waren leer! Überall rannten Leute wild umher und füllten ihre Einkaufswagen mit allem, wonach sie greifen konnten. Ein Hauch von Panik lag in der Luft.

Pedro und Niklas teilten sich auf, doch beide hatten Mühe, noch etwas Essbares zu finden. Ein wenig Brot und Käse und einige Packungen Kekse, das war alles. Dann der nächste Schock: Die Schlange an den Kassen war fast genau so lang wie die Autoschlange vor der Tür. Zum Glück sah Pedro einen Bekannten ganz vorne in der Reihe und so konnten sie ihre wenigen Sachen bei ihm mit aufs Band legen. Ansonsten hätten sie wahrscheinlich mindestens eine Stunde warten müssen. Die Stimmung war aufgeheizt und auf dem Weg nach draußen strömten ihnen angsterfüllte Gesichter entgegen. Vor dem Eingang sahen sie zwei Männer, die sich im Streit um den letzten freien Einkaufswagen fast prügelten.

»Drei Tage keine Lastwagen und das ist das Resultat«, fasste Pedro zusammen. Er selbst hatte sich inzwischen wieder etwas beruhigt.

»Damit hätte ich echt nicht gerechnet«, gab Niklas kleinlaut zu.

»Niemand hat damit gerechnet. Genau das ist das Problem.«

Sie gingen zum Auto und verließen mit ihrer kleinen Beute das Schlachtfeld.

»Früher hatten die Leute immer einige Notreserven daheim«, sagte Pedro, während er auf die Hauptstraße bog. »Heute macht das fast niemand mehr. Wir denken immer, dass es Versorgungsengpässe nur in armen Ländern geben kann, oder wenn hier, dann vielleicht irgendwann in der fernen Zukunft. Dabei kann so etwas jederzeit und überall passieren. Aufgrund von Unruhen und Kriegen, schlechtem Wetter, Missernten, Finanzkrisen oder eben wegen eines Streiks der Lastwagenfahrer.«

Nachdenklich steuerte Pedro den Wagen in Richtung Küste.

»Was wir gerade erlebt haben, ist eine eindrucksvolle Demonstration, wie zerbrechlich unser ganzes Nahrungsmittelsystem ist und wie schnell sich scheinbare Sicherheit in große Ungewissheit verwandeln kann. Und leider ist es so, dass Hunger und Angst nicht gerade das Beste im Menschen zum Vorschein bringen.«

Niklas rutschte unruhig auf seinem Sitz hin und her.

»Und was jetzt?«

Schweigen. Dann ein Schulterzucken.

»Jetzt können wir nur hoffen, dass der Streik nicht noch zwei Wochen anhält.«

Die Kunst des Teilens

Am nächsten Morgen ging Niklas in aller Frühe zu Señor Gonzalez. Es war Freitag und der Streik der Lastwagenfahrer startete in den vierten Tag. Die Supermarktregale waren inzwischen völlig leer geräumt, laut den Nachrichten gab es noch nicht einmal mehr Klopapier zu kaufen. Schon sehr bald würden die Leute anfangen, sich nach Alternativen umzusehen, um etwas zu essen fürs Wochenende zu bekommen. Niklas war sich sicher, dass es nur eine Frage der Zeit war, bis die ersten Verzweifelten im Garten des alten Bauern eintrudeln würden.

Als er um kurz vor halb neun das rostige Eingangstor erreichte, herrschte noch Ruhe. Señor Gonzalez war damit beschäftigt, mit einem Gartenschlauch die Tomatenbeete zu wässern. Niklas hatte ihn schon einige Wochen zuvor gefragt, warum er nicht ein automatisches Bewässerungssystem anlegte, so wie es in allen größeren Gärten üblich war. Er würde sich viel Arbeit sparen und könnte zum Beispiel länger schlafen. Doch Señor Gonzalez hatte nur lächelnd den Kopf geschüttelt. »Ich stehe gerne früh auf«, hatte er geantwortet. »Außerdem bin ich durch das Gießen in viel engerem Kontakt mit den Pflanzen. Ich sehe sofort, wenn es ein Problem gibt und kann entsprechend handeln. Wenn alles automatisch ablaufen würde, könnten Krankheiten grassieren, ohne dass ich es merke.« Und etwas später hatte er noch hinzugefügt: »Es ist auch eine wundervolle Tätigkeit, um die Gedanken treiben zu lassen. Wie das Wasser fließen sie beim Gießen frei umher und dadurch wird im Geist alles neu geordnet. Sorgen verschwinden, Ideen werden geboren und sowohl Freude als auch Frieden breiten sich aus. So ist es zumindest bei mir.«

Niklas holte einen zweiten Schlauch aus dem Schuppen und half mit, die anderen Beete zu bewässern. Als sie fertig waren, sprach er den alten Bauern auf den Streik an und erzählte ihm von dem Ansturm auf den Supermarkt. Señor Gonzalez schien weder beeindruckt noch beunruhigt.

»Es ist nicht das erste und bestimmt auch nicht das letzte Mal, dass es einen solchen Engpass gibt. Heutzutage sind die Menschen es einfach nicht mehr gewohnt, vor leeren Regalen zu stehen. Früher ist das fast jede Woche passiert. Überlebt haben wir trotzdem.«

»Damals gab es aber viele kleine Gärten, so wie deinen. Zumindest die Grundversorgung war damit gewährleistet. Wenn die Lastwagenfahrer noch länger streiken, wo sollen die Leute dann ihr Essen herbekommen?«

Señor Gonzalez zuckte mit den Schultern.

»Irgendeine Lösung wird sich schon finden. Momentan kannst du jedoch nichts daran ändern und weder heute noch morgen wird irgendwer verhungern. Es gibt also keinen Grund, sich unnötig den Kopf zu zerbrechen.«

Wieder einmal hatte der alte Bauer Recht. Und dennoch: Für Niklas war es eine völlig neue Situation und er tat sich schwer damit, diese große Ungewissheit einfach zu ignorieren.

»Manchmal bleibt einem nichts anderes übrig, als zu vertrauen«, fuhr Señor Gonzalez fort. »Zu vertrauen, dass alles gut ausgehen wird.«

Niklas nickte zögerlich. In der Welt, in der er aufgewachsen war, wurde nicht sonderlich viel dem Vertrauen überlassen. Es galt als naiv und verantwortungslos, sich nicht aktiv um eine sichere Zukunft zu kümmern, nicht zu planen und nicht an morgen zu denken. Aber so sehr man auch versuchte, alles zu kontrollieren, es konnte natürlich immer etwas schief gehen. Und was dann? Wie sollte man mit dieser Ungewissheit umgehen, wenn man nie gelernt hatte, dem Leben zu vertrauen?

Während sie eine Weile schweigend dastanden, trafen die ersten Kunden ein. Eine ältere Frau, die Niklas schon einige Male gesehen hatte, und zwei jüngere Nachbarinnen von ihr. Sie waren sichtlich erleichtert, dass sie bei Señor Gonzalez ihre Körbe füllen konnten. Kartoffeln, Eier, Tomaten und Paprika – damit waren die nächsten Tage gerettet.

Sie waren kaum weg, da kamen auch schon die nächsten. Ein junges Paar und ein Mann im Anzug.

»Ich habe eben gehört, dass der Streik auf keinen Fall vor Montag beendet wird«, berichtete der Mann. »Und vielleicht geht er sogar noch die ganze nächste Woche weiter.«

»Das wäre nicht so gut«, sagte Niklas mit besorgter Stimme. »Wenn in einigen Tagen die wenigen Vorräte aufgebraucht sind, werden die Leute wahrscheinlich massenweise nach Portugal, Frankreich und Marokko abhauen.«

»Nein, so einfach wird das nicht gehen«, entgegnete der Mann. »Das Benzin wird nämlich auch knapp, an den Tankstellen gibt es schon lange Schlangen.«

Das junge Paar schaute sich ängstlich an. Auch Niklas musste tief durchatmen. Das mit dem Benzin hatte er gar nicht bedacht. Es war erschreckend, wie schnell das komplette Versorgungssystem zusammenbrechen konnte. Ein paar streikende Brummifahrer und schon stand das ganze Land still! Er war heilfroh, dass er diese Situation nicht in einer großen Stadt erleben musste. In einem Ort wie Estepona konnte man zur Not auch ohne Auto zurechtkommen und vor allem gab es jemanden wie Señor Gonzalez. In einer Groß- stadt würde man hingegen noch nicht einmal genü- gend Grashalme finden, um den schlimmsten Hunger zu stillen.

Nach und nach kamen immer mehr Leute, um bei dem alten Bauern etwas Essbares zu ergattern. Anstatt wie normalerweise im Garten zu arbeiten, half Niklas den ganzen Tag beim Verkauf. Er holte neue Kartoffeln aus dem Lager, packte Gemüse in Tüten und Körbe und wog die Ware mit der alten Waage, die Señor Gonzalez von seinem Großvater vererbt bekommen hatte. Eigentlich war es eine abwechslungsreiche Tätigkeit, die Niklas Spaß machte, richtig genießen konnte er sie allerdings nicht. Zu groß war das Gefühl der Ungewissheit, und die Angst, die von den Menschen ausging, hing wie ein bedrohlicher Schatten über ihnen.

Als er spät am Abend völlig ausgelaugt in die WG zu- rückkehrte, erzählte er den anderen drei von den Er- eignissen im Garten.

»Ich glaube, wenn der Streik diese Nacht nicht beige- legt wird, dann werden morgen noch mehr Leute zu Señor Gonzalez strömen.«

»Kein Problem«, sagte Pedro. »Khadim und ich haben ohnehin nichts vor, wir kommen mit und helfen euch. Oder?«

Er blickte zum Senegalesen, der sofort nickte.

»Und was ist mit dir, Eva?«

»Klar, ich bin auch dabei!«

Niklas schaute seine Mitbewohner an und lächelte. Seine Sorgen hatten sich zwar nicht aufgelöst, aber es war beruhigend zu wissen, dass er nicht alleine war.

Die Sonne war gerade erst aufgegangen, da waren die vier bereits auf dem Weg zum Garten von Señor Gonzalez. Wie am Vortag angekündigt, streikten die Lastwagenfahrer auch am fünften Tag weiter und es gab vorerst keine Aussicht auf Besserung – die Läden blieben leer. Um nichts von dem knapp werdenden Benzin zu verbrauchen, hatten sie beschlossen, Pedros Auto stehen zu lassen und zu Fuß zu gehen. Als sie um kurz nach acht an dem offenen Tor des Gartens ankamen, warteten dort bereits die ersten Kunden.

»Ich habe Verstärkung mitgebracht«, begrüßte Niklas den alten Bauern und stellte ihm Khadim und Eva vor. Pedro kannte er ja bereits.

Während sich Señor Gonzalez bei ihnen für ihr Kommen bedankte, fuhr ein kleiner Lieferwagen vor und parkte neben dem Eingang. Ein dicker Mann um die fünfzig stieg aus. Er ignorierte die Warteschlange und kam direkt auf sie zu.

»*Hola!*«, sagte er mit rauer Stimme. »Ich brauche zweihundert Kilo Kartoffeln.«

Señor Gonzalez starrte ihn mit großen Augen an.

»Zweihundert Kilo?«

Der Mann nickte.

»Hast du noch so viele?«

»Ja schon, aber ...«

»Moment mal!«, ging Pedro dazwischen. »Erstens gibt es einige Leute, die vor dir dran sind. Und zweitens kann hier nicht einfach jeder sein Auto vollpacken, von einem Lieferwagen ganz zu schweigen.«

Er wandte sich an Señor Gonzalez .

»Wie viele Kartoffeln hast du ungefähr auf Lager?«

Der alte Bauer überlegte einen Moment.

»Diese Woche haben wir fast zweitausend Kilo geerntet, aber gestern habe ich bestimmt schon dreihundert davon verkauft.«

Pedro schaute erst Niklas an, dann den gierigen Typen, der sich vorgedrängelt hatte, und schließlich wieder Señor Gonzalez.

»Ich würde vorschlagen, dass jeder nur fünf Kilo bekommt. Ansonsten hast du spätestens heute Mittag nichts mehr übrig und musst viele Leute mit leeren Händen nach Hause schicken.«

»Das ist eine gute Idee«, entgegnete Señor Gonzalez sofort.

Der dicke Mann wollte protestieren, merkte jedoch schnell, dass es zwecklos war. Stattdessen warf er Pedro einen bösen Blick zu, stieg in seinen Wagen und brauste davon.

»Er hätte sich garantiert mit den zweihundert Kilo Kartoffeln an eine Straßenecke gestellt und sie für das zehnfache verkauft«, sagte Pedro und schüttelte verärgert den Kopf. »Ich hasse solche Leute, die die Not von anderen schamlos ausnutzen.«

Señor Gonzalez gehörte nicht zu diesen Leuten und genau deswegen liebte er ihn, dachte Niklas. Denn wenn man die Situation aus rein marktwirtschaftlicher Sicht betrachtete, hätte er bereits am Tag zuvor ohne weiteres die Preise erhöhen können. Das Angebot war mickrig klein, die Nachfrage wurde immer größer – beste Voraussetzungen für maximalen Profit!

Dem alten Bauern war so ein Denken allerdings völlig fremd. Einen fairen Preis für seine Produkte wollte er haben, das ja. Aber sich Vorteile verschaffen, weil es anderen schlecht ging? Nein, das wäre ihm nicht in den Sinn gekommen.

Um zehn Uhr reichte die Schlange schon bis zum Ende des Zauns, eine Stunde später war sie doppelt so lang. Es hatte sich inzwischen herumgesprochen, dass es bei dem alten Bauern am Ortsrand noch Essen gab. Bald warteten über einhundert Leute draußen vor dem Tor.

Die vier Helfer aus der WG teilten sich auf. Niklas und Khadim holten Nachschub aus dem Lager und vom Feld, Eva half Señor Gonzalez beim Abwiegen und Kassieren, und Pedro sorgte dafür, dass vor dem Tor alles geordnet zuging und sich keiner vordrängelte. Er gab jedem einen Zettel mit einer Nummer, so wie es bei der Post oder an der Käsetheke üblich ist. Außerdem verteilte er Wasser und tat sein Bestes, die Wartenden mit Sprüchen und Witzen aufzuheitern. Viele waren nervös und angespannt. Dazu waren es dreißig Grad und fast alle standen in der prallen Sonne – die Stimmung hätte jederzeit umkippen und in hitzige Streitereien ausarten können. Doch dank Pedros Unterhaltungskünsten kam es nicht dazu. Im Gegenteil: Alles verlief vollkommen friedlich.

Kurz nach Mittag gab es keine Tomaten, Paprika und Zucchini mehr. Eier waren schon am Vortag ausgegangen und die Hälfte der Kartoffeln war ebenfalls aufgebraucht. Da weiterhin neue Leute hinzukamen und die Schlange nicht kürzer wurde, machten sich Niklas und Khadim daran, die letzten beiden Kartoffelbeete abzuernten.

Während er auf dem Boden hockte und die Erdäpfel pflückte, hörte Niklas zu, wie Señor Gonzalez am Eingangstor mit den Leuten sprach. Immer wieder erzählte er ihnen mit großer Leidenschaft, dass seine Pflanzen ausschließlich mit Wasser und natürlichem Dünger versorgt wurden und dass er nie irgendwelches Gift benutzen würde. Man hätte meinen können, dass er die Gelegenheit geschickt nutzte, um Werbung für sein Biogemüse zu machen. Doch in Wirklichkeit war die Werbung nur ein Nebeneffekt. Sein Hauptanliegen war es, die Menschen für eine natürliche und gesunde Lebensweise zu begeistern. Es war eine Botschaft, die tief aus seinem Herzen kam.

»Mach dir keine Sorgen, bald hört der Streik bestimmt wieder auf«, waren die aufmunternden Worte, die er jedem einzelnen mit auf den Weg gab. Sie zeigten die wahre Motivation, die ihn antrieb: Letzten Endes wollte er, dass es allen gut ging.

»*Gracias*«, hörte Niklas immer wieder. Danke, danke und nochmal danke. Die Menschen spürten, dass der alte Bauer ihnen einen großen Dienst erwies, indem er in einem schwierigen Moment für sie da war. Es war fast so, als wäre er der Großvater einer riesigen Familie.

Gegen Abend wurde die Warteschlange dann langsam kürzer. Als die Sonne gerade hinter den Bergen verschwunden war, bediente Señor Gonzalez den letzten Kunden. Sie hatten es geschafft: Jeder hatte genug bekommen, um zumindest das Wochenende sorgenfrei überstehen zu können.

»Mehr hätten es auch nicht sein dürfen«, sagte Niklas. »Sowohl das Lager als auch die Beete sind völlig leer gefegt.«

Der alte Bauer lächelte zufrieden. Seine vier Helfer ließen sich erschöpft auf den Boden sinken und beglückwünschten sich gegenseitig zu ihrer harten und erfolgreichen Arbeit. Dann hörten sie plötzlich die Stimme einer älteren Frau.

»Entschuldigung, haben Sie noch etwas Essen für mich?«

Alle fünf schauten zum Tor und sahen eine vornehm gekleidete Frau mit einer Stofftasche in der Hand. Für einige Momente traute sich niemand, ihr zu antworten. Schließlich sagte Pedro:

»Tut uns leid, aber wir sind restlos ausverkauft.«

»Oh«, entgegnete die Frau enttäuscht. »Wirklich gar nichts mehr?«

Alle schüttelten den Kopf. Alle, bis auf Señor Gonzalez.

»Lass mich nochmal im Haus gucken.«

Er schlich in der Dämmerung davon und kam wenig später mit einem kleinen Korb zurück. Ein paar Kilo Kartoffeln befanden sich darin, eine große Zucchini, Tomaten und sogar ein halbes Dutzend Eier.

»Etwas habe ich noch gefunden«, sagte der alte Bauer und reichte ihr den Korb.

Die sehr reserviert wirkende Frau wäre ihm fast um den Hals gefallen.

»Vielen Dank! Was hätte ich nur ohne Sie gemacht?«

Señor Gonzalez winkte bescheiden ab.

»De nada«, lächelte er. »Gern geschehen.«

Gemeinsam füllten die beiden das Gemüse vom Korb in die Tasche um. Dann zahlte die Frau und verabschiedete sich. Sie war schon fast weg, da rief ihr der alte Bauer noch hinterher:

»Mach dir keine Sorgen, bald hört der Streik bestimmt wieder auf.«

Sie drehte sich um und bedankte sich mit einem strahlenden Lächeln. Kurz darauf war sie verschwunden.

Die anderen vier hatten die Szene vom Boden aus verfolgt. Eva wischte sich eine Träne aus dem Gesicht und auch ihre Mitbewohner waren zutiefst berührt von der Güte und der Selbstlosigkeit des alten Bauern.

Señor Gonzalez griff derweil in seine Tasche und nahm ein Bündel Geldscheine heraus. Er zählte vier Mal einhundert Euro ab, ging zu Khadim und reichte ihm die ersten beiden Scheine. Doch Khadim sah ihn nur abweisend an und zog die Hände zurück.

»Doch, nimm schon. Ihr habt mir heute alle sehr geholfen.«

Der alte Bauer drehte sich zu Eva, aber auch sie weigerte sich, das Geld anzunehmen.

»Kommt nicht in Frage«, sagte sie. »Wir haben das gerne gemacht.«

Er blickte zu Niklas und Pedro. Beide verschränkten demonstrativ die Arme hinter dem Rücken. Señor Gonzalez steckte widerwillig die Scheine zurück in seine Hosentasche, nahm seine Kappe ab und seufzte laut.

»Gemüse kann ich euch momentan leider nicht anbieten. Sobald die nächsten Tomaten reif sind, nehmt ihr euch aber, so viele ihr wollt. Das müsst ihr mir versprechen!«

»Machen wir«, sagte Eva.

Ein warmer Windzug wehte über ihre Köpfe.

»Hast du jetzt überhaupt noch etwas für dich?«, wollte Niklas wissen.

»Für ein paar Tage wird es reichen«, sagte Señor Gonzalez. »Ich brauche ja zum Glück nicht viel.«

Eine Weile herrschte Stille. Dann kamen Pedro Zweifel.

»Vielleicht hättest du doch etwas mehr behalten sollen. Eine eiserne Reserve, für alle Fälle. Denn was ist, wenn der Streik weitergeht?«

Señor Gonzalez starrte nachdenklich geradeaus.

»Wenn der Streik weitergeht«, sagte er schließlich, »dann geht er für alle weiter. Nie im Leben könnte ich mir selbst den Bauch vollschlagen mit dem Wissen, dass draußen meine Nachbarn hungern.«

Er schaute seine jungen Helfer an, einen nach dem anderen.

»Wir sitzen doch alle im selben Boot, oder etwa nicht? Folglich gibt es nur eine Möglichkeit: Wir müssen zusammenhalten. Ohne Zusammenhalt und Kooperation geht es nicht. In der Natur ist das auch so.«

Sein Blick wanderte langsam zum Garten. Einen Moment stand er schweigend da, dann setzte er seine Kappe wieder auf und fasste den Tag mit einem einzigen Satz zusammen.

»Egal ob reich oder arm, jung oder alt: Niemand überlebt ganz alleine.«

Auf dem Rückweg zur Wohnung waren alle still. Sie waren zu müde, um sich zu unterhalten, und außerdem war jeder damit beschäftigt, über die Erlebnisse der letzten Stunden nachzudenken. Erst, als sie den Strand erreichten, griff Pedro noch einmal das Thema der Kooperation auf.

»Wenn man es realistisch betrachtet, bleibt einem Mann wie Señor Gonzalez in so einer Situation gar nichts anderes übrig, als alles zu teilen. Wenn er es nicht machen würde und der Streik anhält, dann würden die hungrigen Leute bei ihm einfallen und sich alles nehmen. Entweder verkauft er sein Gemüse also freiwillig, oder er würde es ihnen früher oder später unfreiwillig überlassen müssen.«

»Wenn er es aus diesem Grund verkaufen würde, dann würde er allerdings aus Angst handeln«, entgegnete Niklas. »Und ich glaube nicht, dass er heute seine ganzen Vorräte geopfert hat, weil er Angst hatte.«

Nach zweieinhalb Monaten im Garten hatte Niklas das Gefühl, den alten Bauern endlich richtig verstanden zu haben.

»Nein«, schüttelte er den Kopf. »Señor Gonzalez hat sich einfach gefreut, dass er den Menschen helfen konnte. Er hat nicht aus Angst, sondern aus Liebe gehandelt.«

Versöhnung

In der Nacht von Sonntag auf Montag beendeten die Lastwagenfahrer endlich ihren Streik. Sechs Tage hatte er angedauert. Niklas mochte überhaupt nicht darüber nachdenken, was passiert wäre, wenn die Supermarktregale zwei Wochen oder gar einen ganzen Monat leer geblieben wären. Soviel stand fest: Lustig wäre es nicht gewesen.

Statt Panik, Revolte und Bürgerkrieg kehrte dagegen innerhalb eines Tages wieder völlige Normalität ein. Die Brummis rollten auf Hochtouren und bereits am Dienstagmorgen sahen die Läden und Tankstellen aus, als hätte es den Streik nie gegeben. Der Alltag war zurück und die angstvollen Stunden während der Versorgungskrise waren nur noch eine Geschichte, die man sich vergnügt bei einem Glas Bier und ein paar Tapas erzählte. Konsequenzen wurden keine gezogen.

Niklas fühlte sich an die letzte Bankenkrise erinnert. Auch dort war ein scheinbar stabiles System ins Wanken geraten und rasend schnell hatten sich Chaos und Ungewissheit verbreitet. Geändert hatte sich anschließend jedoch nichts. Dabei wäre durch individuelle Fehler und Schwachstellen in der Konstruktion beinahe das ganze weltweite Finanzgerüst eingestürzt, was gravierende Folgen für alle gehabt hätte. Ist ja noch mal gut gegangen, könnte man sagen. Außerdem kann auch nicht immer alles perfekt funktionieren und Menschen müssen auch mal etwas falsch machen dürfen. In der Tat. Doch wozu dienen Fehler, wenn man nicht aus ihnen lernt?

Es wäre so wichtig, bestimmte Dinge zu ändern und Vorkehrungen zu treffen, damit solche Krisen in der Zukunft nicht mehr so leicht entstehen und eskalieren können. Im Falle des Streiks der Lastwagenfahrer hieße das vor allem, beim eigenen Konsum die lokalen Bauern viel mehr zu unterstützen. Denn mit jedem Landwirt, der aus einer Region verschwindet, sinkt automatisch die Widerstandsfähigkeit gegen nationale und globale Nahrungsmittelengpässe. Statt zwanzig Bauern gibt es plötzlich nur noch einen großen Supermarkt – aus kraftvoller Vielfalt wird zerbrechliche Einseitigkeit.

Wahrscheinlich wäre es auch sinnvoll, dachte Niklas, einige Essensvorräte anzulegen und dafür zu sorgen, dass die Lastwagenfahrer von Anfang an vernünftig bezahlt werden, damit sie erst gar nicht streiken. Schon diese beiden Maßnahmen könnten das Risiko verringern, eines Tages wieder ohne Essen dazustehen. Viel nachhaltiger aber wäre die Versorgungssicherheit durch einheimische Landwirte. Die Frage ist aber leider: Wie lange wird es die Spezies des lokalen Kleinbauern überhaupt noch geben?

Pedro hatte Niklas von einigen Bekannten erzählt, die schon seit Jahren tief in den Bergen hinter Estepona lebten. Es waren Leute, die als Aussteiger, Hippies oder Verrückte galten. Viele von ihnen waren sich bewusst, welche Gefahr von der zügellosen Globalisierung ausging und welche dramatischen Folgen das Aussterben der lokalen Landwirtschaft haben würde. In quasi letzter Hoffnung versuchten sie sich fernab der urbanen Gesellschaft als Selbstversorger. Laut Pedro war das teilweise beeindruckend, wie autark diese Menschen waren, doch völligen Schutz bot auch diese Lebensweise nicht. Was hatte Señor Gonzalez gesagt? Alleine überlebt niemand.

Der Streik der Lastwagenfahrer hätte die Menschen wachrütteln können, doch Niklas bezweifelte, dass die Leute in Estepona nun vermehrt zum alten Bauern kommen würden. Zu bequem und zu billig war das Einkaufen im Supermarkt. Es war wie bei einem Streit: erst der Kampf und das Leid, dann die Versöhnung und schließlich das Vergessen. Alles geht wie gehabt weiter und die Wurzel des Übels bleibt am Leben. Der nächste Konflikt ist dadurch garantiert und die nächste Krise nur eine Frage der Zeit.

Im Garten von Señor Gonzalez war es nach dem Ansturm des Wochenendes wieder ruhig, aber es gab immer noch genug zu tun. Niklas hatte sich eine kleine Auszeit am Strand gegönnt, aber nach ein paar Tagen ging er wieder zum Garten und half dem alten Mann, die leeren Beete umzugraben und die verbliebenen Pflanzen zu pflegen. Neue Tomaten und Paprika wuchsen heran und die ersten Auberginen waren auch fast reif.

Am späten Vormittag machten sie eine Pause. Es war bereits über dreißig Grad und daher suchten sie sich ein schattiges Plätzchen unter dem Feigenbaum. Während sich Niklas auf dem Boden niederließ, ging Señor Gonzalez zum Haus, um etwas frischen Minztee aufzusetzen.

Niklas lächelte. Das erste Mal, als der alte Bauer ihm einen Tee an einem warmen Sommertag angeboten hatte, hatte er sofort abgelehnt. Er hatte sich nach einer eiskalten Erfrischung gesehnt und war bei dem Gedanken an ein heißes Getränk fast zurückgeschreckt. Doch dann hatte er sich überreden lassen und den heißen Tee probiert. Und tatsächlich: Die Minze hatte unglaublich kühlende Eigenschaften und war daher bei der Hitzebekämpfung weitaus effektiver als ein Bier oder ein Saft. Seitdem freute sich Niklas immer, wenn Señor Gonzalez verschwand, um Tee zu machen.

Wenig später kam der alte Bauer mit zwei vollen Tassen zurück. Er reichte Niklas eine davon und ließ den Henkel los. Der junge Deutsche wollte sich gerade bedanken, als ein brennender Schmerz in seine Finger schoss. Er versuchte, die Tasse schnell abzusetzen, schaffte es aber nicht mehr rechtzeitig. Auf halbem Weg gaben seine Finger nach und die Tasse fiel kopfüber auf die Erde. Das ganze heiße Wasser landete dabei auf seinem nackten Fuß und ließ ihn laut aufschreien.

Señor Gonzalez holte sofort den Wasserschlauch und spritzte den rot anlaufenden Fuß ab. Niklas biss auf die Zähne. Dann drückte ihm der alte Bauer den Schlauch in die Hand und verschwand. Kurz darauf kam er mit einem Handtuch und einem Kaktusblatt zurück.

»Was hast du denn damit vor?«

»Das ist Aloe Vera«, sagte Señor Gonzalez.

»Aloe was?«, fragte Niklas und verzog dabei sein Gesicht vor Schmerzen.

»Eine wahre Wunderpflanze«, fuhr der alte Bauer fort und fing an, mit seinem Taschenmesser die Stacheln vom Blatt zu entfernen. »Wenn du die Pflanze verletzt, indem du ein Stück abschneidest, heilt die Wunde in Windeseile. Genau dasselbe macht sie beim Menschen.« Er warf die stacheligen Ränder zur Seite und schnitt das Blatt wie ein Brötchen in zwei Hälften. »Aloe Vera hilft bei fast jedem Problem: Verstopfung, Übersäuerung, Magengeschwüre, Insektenstiche, Arthritis, Diabetes ... und vor allem bei Verbrennungen!«

Señor Gonzalez deutete Niklas mit einer Kopfbewegung an, das Handtuch zu nehmen und sich den Fuß abzutrocknen. Dann nahm er eine der Hälften, bückte sich und legte die schleimige Innenseite auf die verbrannte Haut. Schon im nächsten Moment stöhnte Niklas – nicht mehr vor Schmerzen, sondern vor Erleichterung.

»Das tut gut! Danke!«

»Ich hab's dir doch gesagt: eine wahre Wunderpflanze!« Der alte Bauer grinste.

»Vor einigen Jahren habe ich mir mal beide Hände an einem Ofenblech verbrannt«, begann er zu erzählen, während er das Blatt langsam auf dem Fuß hin und her rieb. »Ein großer Steinofen, vierhundert Grad heiß! An den Fingern haben sich sofort Brandblasen gebildet und die Schmerzen waren ungeheuerlich. Den restlichen Tag habe ich dann meine Hände mit Aloe Vera aus meinem Garten behandelt. Und am nächsten Morgen? Etwas verkrustete Haut, ansonsten keine Spur von irgendeiner Verbrennung.«

Niklas schaute ihn beeindruckt an.

»*Hay que ver, eh?*«, fügte der alte Bauer mit einem großen Lächeln hinzu. »Das muss man sich mal vorstellen!«

Dieses Beispiel war nur eines von vielen, das zeigte, dass Señor Gonzalez auch über die Heilkraft der Pflanzen einiges wusste. Seine Ernährung bestand fast ausschließlich aus frischen und natürlichen Produkten, dazu aß er nie zu viel und bewegte sich nie zu wenig. Und wenn doch mal etwas nicht stimmte, fand er meistens eine Lösung in seinem Garten: Thymian für Husten, Minze für Hitze und Kopfschmerzen, Aloe Vera für Verbrennungen. Zum Arzt musste er daher trotz seines hohen Alters nur sehr selten.

Niklas' Fuß ging es von Minute zu Minute besser. Señor Gonzalez überließ ihm das Kaktusblatt und setzte sich neben ihn auf eine hervorstehende Wurzel. Schweigend genossen sie die Ruhe und den Schatten unter dem Feigenbaum. Dann fuhr plötzlich ein schwarzer Wagen vor und hielt am Tor an.

»Oh nein«, seufzte Niklas sogleich, »das ist bestimmt wieder der Typ von der Stadt.«

Ein Mann in Hemd und Anzughose stieg aus, guckte sich einmal um, und als er die beiden unter dem Baum sah, kam er auf sie zu. Schnell wurde klar, dass es nicht der Stadtbeamte war. Jedenfalls nicht der Beamte von den letzten Besuchen.

»Das ist der Bürgermeister«, sagte Señor Gonzalez.

»Echt? Was will der denn hier?«

Niklas ahnte nichts Gutes.

»Keine Ahnung«, erwiderte der alte Bauer mit einem Schulterzucken.

Kurz darauf war der Mann bei ihnen angekommen.

»*Buenos dias*«, grüßte er freundlich und reichte beiden die Hand. Dann wandte er sich an Señor Gonzalez.

»Ich bin wegen der Anzeigen hier. Und auch, um mich zu bedanken.«

Der alte Bauer zog verwundert die Augenbrauen hoch.

»Es hat sich mittlerweile überall herumgesprochen, dass Sie während des Streiks vielen Leuten aus dem Dorf geholfen haben. Das war nicht selbstverständlich.«

»Doch, das war es«, entgegnete Señor Gonzalez.

Der Bürgermeister schmunzelte.

»Für Sie mag es das gewesen sein, aber für viele wäre es das nicht gewesen. Vor allem die Art und Weise, wie Sie meiner Schwester geholfen haben, das war schon sehr außergewöhnlich.«

»Ihrer Schwester?«, fragte Señor Gonzalez überrascht.

»Ja, meiner Schwester. Sie war am späten Samstagabend noch hier. Sie haben ihr etwas von Ihren eigenen Vorräten abgegeben.«

Niklas und der alte Bauer erinnerten sich sofort an die vornehm gekleidete Frau, die sich so sehr über den Korb mit Gemüse gefreut hatte.

»Danke dafür!«

Señor Gonzalez lächelte bescheiden.

»Kein Problem.«

Eine leichte Brise wehte durch den Garten und ließ die Blätter des Baumes rascheln.

»Nun zu den Anzeigen«, sagte der Bürgermeister und zog einen Briefumschlag aus seiner Hosentasche. »Sie verkaufen hier illegal Gemüse und wurden deswegen bereits einige Male verwarnt. Da Sie jedoch so vielen Menschen in Estepona geholfen haben, habe ich entschieden, diese beiden Anzeigen zu ignorieren.«

Er hielt den Umschlag nach oben und riss ihn in vier Teile. Señor Gonzalez und Niklas starrten ihn mit großen Augen an.

»Ich muss Sie allerdings darauf hinweisen, dass der Verkauf weiterhin illegal bleibt«, fuhr der Bürgermeister fort. »Auch wenn ich Ihre Arbeit sehr schätze, an dem Gesetz kann ich nichts ändern. Das einzige, was ich machen kann, ist, Ihnen einen kleinen Rat geben.«

»Und der wäre?«, fragte der alte Bauer.

Der Bürgermeister zögerte einen Moment und schaute zum Weg, um sich zu vergewissern, dass niemand in der Nähe war.

»Entfernen Sie Ihr Verkaufsschild«, sagte er schließlich halb flüsternd. »Denn wenn hier nichts offiziell verkauft wird, gibt es auch kein Gesetz, das gebrochen wird.«

Señor Gonzalez schaute ihn misstrauisch an.

»Das Schild gehört hier nicht hin. Sie dagegen schon.«

Niklas traute seinen Ohren kaum. Zum einen war er gerade Zeuge geworden, wie der Bürgermeister höchstpersönlich Ratschläge gab, um eine illegale Tätigkeit fortzusetzen. Zum anderen, und das war noch viel bemerkenswerter, hatte das Stadtoberhaupt begriffen, dass ein Mann wie Señor Gonzalez für eine Gemeinde unentbehrlich ist.

»Und was ist mit dem Golfplatz?«, wollte der alte Bauer wissen.

Wieder zögerte der Bürgermeister.

»Der Golfplatz wird gebaut«, antwortete er in einem sachlichen und leicht autoritären Ton. »Und auch die Ferienwohnungen. Ihre Nachbarn haben bereits alle verkauft und für die Stadt bedeutet dieses Projekt viel Geld.« Dann wurde seine Stimme weicher. »Ich habe allerdings gestern der Immobilienfirma gesagt, dass es ein Grundstück gibt, das nicht zum Verkauf steht. Sie haben das akzeptiert und werden die Pläne anpassen.«

Der alte Bauer sah dem Bürgermeister einen langen Moment in die Augen.

»Morgen ist das Schild weg«, versprach er.

Beide nickten. Dann begann Señor Gonzalez zu lächeln.

»*Gracias!*«

Sie reichten sich die Hand und der Bürgermeister lächelte ebenfalls. Dann übergab er dem alten Bauern den zerrissenen Umschlag, verabschiedete sich und fuhr davon.

Niklas sah Señor Gonzalez von der Seite an, wie er mit den Papierfetzen in der Hand und einem strahlenden Gesicht unter dem Feigenbaum stand. Genau an der Stelle, wo er einst geboren wurde und wo er am liebsten auch sterben wollte. Fast hätte Niklas ihm zu seinem Glück gratuliert, aber er hielt inne, denn Glück war überhaupt nicht im Spiel gewesen. Es waren in erster Linie die Taten und das große Herz von Señor Gonzalez, die dazu geführt hatten, dass der Konflikt mit der Stadt beigelegt worden war und er sein Land behalten konnte. Eigentlich war es ganz einfach: Der alte Bauer hatte Liebe gesät und dadurch Frieden geerntet.

Allein im Paradies

Am 23. Juni gab es ein besonderes Highlight im eng gestaffelten Festtagskalender Andalusiens: *la noche de San Juan*! Ursprünglich war es ein heidnischer Brauch, um die Sommersonnenwende zu zelebrieren. Da ab dem 21. Juni die Tage wieder kürzer und die Nächte länger werden, sollen tausende Feuer, die im ganzen Land brennen, der schwindenden Sonne mehr Kraft verleihen. Gleichzeitig wird dem Feuer auch eine reinigende Wirkung zugesprochen. Soweit die Mythologie. Im Laufe der Jahrhunderte wurde aus dem heidnischen Ritual dann ein katholisches Fest, bei dem die Geburt von Johannes dem Täufer gefeiert wurde. Daher das geänderte Datum. Mittlerweile geht es bei San Juan aber weder um den heiligen Johannes noch um heidnische Hexerei, sondern einfach darum, mit Freunden am Strand zusammenzukommen, viel zu essen, noch mehr zu trinken und am besten gar nicht zu schlafen. Es ist der Tag, an dem die endgültige Ankunft des Sommers bejubelt wird.

»Und von den ursprünglichen Ritualen ist nichts übrig geblieben?«, wollte Niklas wissen, nachdem ihm Pedro die geschichtlichen Hintergründe erläutert hatte.

»Nur das Feuer hat überlebt«, bekam er zur Antwort. »Du wirst nachher sehen, was das für ein Spektakel ist. Der ganze Strand scheint zu brennen! Außerdem ist es üblich, um Mitternacht rückwärts ins Meer zu laufen und sich etwas zu wünschen. Manche schreiben ihren Wunsch auch auf einen Zettel und werfen ihn anschließend in die lodernden Flammen. Und einige Mutige beziehungsweise Besoffene wagen zu später Stunde den Sprung über die teilweise recht großen Feuerstellen. Angeblich soll das Glück bringen, nicht wenige enden jedoch mit verbrannten Fußsohlen im Krankenhaus.«

»Im Ernst?«

Pedro nickte.

»Das tut ganz schön weh, wenn man mit voller Wucht auf glühenden Kohlen landet. Einmal ist mir das passiert, seitdem verzichtete ich auf diese Tradition.«

Vielleicht wäre es ein lukratives Geschäft, dachte Niklas, an San Juan am Strand entlang zu gehen und den Leuten mit den verbrannten Fußsohlen Aloe Vera zu verkaufen.

Gegen halb neun, kurz vor Sonnenuntergang, machte sich die gesamte WG auf den Weg. Sie hatten alles dabei, was man für ein richtiges Feuerfest braucht: Holz, ein paar alte Zeitungen, Streichhölzer, Alukartoffeln, eine Kühltasche mit Bier, Cola und Eiswürfeln, zwei Flaschen Rum, Becher, einige Decken, eine Gitarre und, ganz wichtig, eine leuchtende Frisbeescheibe. Als sie am Strand ankamen, hatten sich dort bereits zahlreiche kleine Gruppen eingefunden und die ersten Lagerfeuer brannten schon. Die vier suchten sich einen freien Platz und begannen, ihr Nachtlager herzurichten. Wenig später brannte auch ihr Feuer und das erste Bier wurde verteilt.

Sie tranken und lachten, sangen Lieder und sprachen über den Sinn des Lebens. Es war fast windstill und von überall her waren fröhliche Stimmen zu hören. Um fünf vor zwölf gab Pedro jedem einen kleinen Zettel und einen Stift, um einen Wunsch aufzuschreiben. Kurz darauf standen sie mit hunderten anderen am Ufer, zählten die Sekunden runter und gingen dann alle gemeinsam rückwärts ins seichte Wasser. Mit dem Rücken zum Meer sah Niklas das erste Mal den riesigen orange-gelben Lichtstreifen, der sich über die gesamte Küste erstreckte. Dieses Mal hatte der Spanier nicht übertrieben: Der Anblick war atemberaubend! Magisch und mystisch und völlig hypnotisierend.

Als sie zurück an ihrem Platz waren, verbrannten sie zuerst ihre Zettel und setzten sich dann ans Feuer, um sich etwas zu trocknen.

»Hat jemand Lust auf Frisbee?«, fragte Pedro nach einer Weile.

»Ich bin dabei«, sagte Khadim sofort.

Niklas zögerte.

»Ich glaube, jetzt gerade nicht.«

Eva blieb ebenfalls sitzen.

Während die anderen beiden mit der Frisbee in Richtung Ufer verschwanden, schenkte Niklas seiner Mitbewohnerin und sich selbst einen weiteren Rum mit Cola ein. Eine Zeit lang saßen sie schweigend da, starrten auf die tanzenden Flammen und sahen im Hintergrund immer wieder die leuchtende Wurfscheibe vorbeifliegen.

»Was hast du dir gewünscht?«

Niklas sah Eva überrascht an.

»Bringt das nicht Pech, wenn man darüber spricht?«

»Glaub ich nicht«, erwiderte sie. »Also?«

Er hatte den erstbesten Wunsch genommen, der ihm durch den Kopf gegangen war. Nichts Aufregendes, sondern eher solide und pragmatisch.

»Ich habe mir gewünscht, dass ich einen guten Job finde, wenn ich wieder nach Deutschland zurückkomme.«

»Das hätte ich mir eigentlich denken können«, lachte Eva. »Was soll sich ein Deutscher auch sonst wünschen?«

Niklas musste ebenfalls lachen.

»Denkt ihr wirklich immer nur an eure Arbeit?«, wollte die Ungarin wissen.

»Nein, überhaupt nicht. Aber letzten Endes verbringen doch die meisten von uns einen großen Teil der Lebenszeit im Beruf. Ich finde, da ist es angebracht, sich ab und zu damit zu beschäftigen.«

Sie stimmte ihm mit einem lächelnden Nicken zu.

»Und was wäre für dich ein guter Job?«

Niklas dachte einen Moment nach.

»Eine Tätigkeit, die sinnvoll ist. Und ehrlich. Ein Job, für den ich morgens gerne aufstehe und mit dem ich niemandem schade.«

»Irgendeine Idee?«, fragte Eva.

»Vielleicht Gärtner oder Bauer, so wie Señor Gonzalez. Nur besser bezahlt.«

Beide mussten erneut lachen. Wenn es doch so einfach wäre, das mit dem perfekten Job.

»Na dann viel Glück!«, sagte sie. »Du wirst es brauchen.«

Stille.

»Und du? Was hast du dir gewünscht?«

Eva grinste verlegen und schaute dabei ins Feuer.

»Dass ich mich verliebe.«

Sie drehte sich zur Seite und lächelte ihn an. Niklas spürte ein Kribbeln im Magen, griff zu seinem Becher mit Rum und nahm einen großen Schluck.

»Ich dachte, du bist glücklich als Single?«

»Bin ich ja auch. Aber wenn ich verliebt wäre, dann wäre ich noch glücklicher.«

»Und wie kommst du voran mit deinem Wunsch?«

»Ganz gut«, zwinkerte sie ihm zu.

Niklas merkte, wie sein Puls anfing zu rasen. Er griff wieder nach seinem Becher, trank den Rest aus und stand auf, um sich Nachschub zu holen. Als er sich über die Kühltruhe bückte, überkam ihn auf einmal ein leichter Schwindel. Er war sich nicht sicher, ob das Zwinkern der hübschen Ungarin dafür verantwortlich war, oder der Alkohol. Um beides herauszufinden, trank er einfach weiter.

Zwei Becher später hatte er dann den nächsten Schwindelanfall, dieses Mal, ohne sich zu bücken. Kurz darauf schaltete sich sein Gedächtnis aus und alles wurde dunkel.

Als er von den ersten Sonnenstrahlen geweckt wurde, dröhnte sein Schädel. Er setzte sich langsam auf und schaute sich um. Neben ihm lag Pedro im Sand und schlief. Das Feuer war schon lange aus und nur noch ein paar kleine Rauchschwaden stiegen aus der schwarzen Asche empor. Hier und da sah er einige Leute, die ebenfalls am Strand ausgeharrt hatten. Niklas stand auf und stolperte zu einem nahe gelegenen Gebüsch, um sich zu erleichtern.

Zurück am Platz hockte er sich in den Sand und versuchte zu rekapitulieren, was passiert war. Irgendwann hatten sie wieder zu viert am Feuer gesessen, Pedro hatte Gitarre gespielt und Khadim war als einziger über die Flammen gesprungen. Niklas hatte sich noch etwas mit Eva unterhalten und dann später mit Pedro. Den Sternenhimmel hatte er bewundert und dabei waren zwei Schatten an ihm vorbeigehuscht. An mehr erinnerte er sich nicht.

Pedro kam langsam zu sich.

»*Buenos dias*«, sagte der Spanier mit heiserer Stimme. »Guten Morgen«, erwiderte Niklas. »Scheint so, als hätten wir die Nacht überlebt.«

Er griff nach einer Wasserflasche, trank einen kräftigen Schluck und reichte die Flasche seinem Mitbewohner. Eine Weile saßen sie wortlos nebeneinander und starrten aufs Meer. Dann begann auch Pedro, sich umzuschauen.

»Wo sind eigentlich Khadim und Eva?«, wollte er wissen.

Gute Frage, dachte Niklas. Er zuckte mit den Schultern.

»Vielleicht holen sie uns Frühstück«, schlug er hoffnungsvoll vor.

»Und warum haben sie dann ihre Decken mitgenommen?«

Niklas stutzte. Das mit den Decken war ihm noch gar nicht aufgefallen.

»Vielleicht ...«, begann er, doch bevor er weitersprechen konnte, erinnerte er sich plötzlich an die beiden vorbeihuschenden Schatten. Und dann dämmerte ihm, warum Khadim und Eva nicht da waren. Pedro war in der Zwischenzeit zu demselben Schluss gekommen.

»Ich glaub es nicht«, sagte er völlig perplex. »Da kommt der Senegalese hierher und schnappt uns einfach die Frau weg!«

Auch Niklas war bedient. Nicht, dass er es Khadim nicht gönnte, aber er war fest davon ausgegangen, dass er derjenige sei, der Evas Herz erobern würde. Sie hatte ihm doch so verführerisch zugezwinkert, als sie über das Verliebtsein gesprochen hatten. Oder war er bereits zu betrunken gewesen und hatte alles falsch verstanden?

»Tja«, resümierte Pedro, »ich würde sagen, es steht eins zu null für Afrika.«

Niklas konnte ihm nur zustimmen.

»Und was für ein schönes Tor! In der Nacht von San Juan am Lagerfeuer, dazu noch geschickt die beiden Gegenspieler getunnelt. Besser geht es nicht!«

Niklas brauchte zwei Tage, um sich vollständig von der Nacht am Strand zu erholen. Zehn Jahre zuvor hätte er ohne Probleme bereits am folgenden Tag die nächste Party feiern können, Regenerationsphasen waren damals noch nicht nötig gewesen. Doch ob er wollte oder nicht, Niklas musste sich eingestehen, dass es ein großer Unterschied ist, ob man Anfang zwanzig oder Anfang dreißig ist. Wie lange würde es wohl mit sechzig dauern, nach einer feucht-fröhlichen Nacht wieder auf die Beine zu kommen? Umso erstaunlicher war deswegen auch die Vitalität von Señor Gonzalez – er ging zwar auf keine Partys mehr, aber mit fast achtzig noch jeden Tag auf dem Land zu schuften, das beeindruckte ihn immer wieder.

Es war mittlerweile Ende Juni und der andalusische Sommer hatte volle Fahrt aufgenommen. Tagsüber war es zu heiß für jegliche Form physischer Arbeit und selbst das Denken fiel einem schwer. Kein Wunder, dachte Niklas, dass die spanischen Schulen im Sommer fast drei Monate geschlossen blieben. Er verstand auch immer besser, warum die Siesta in diesem Land heilig ist, denn zwischen Juni und September ist Schlafen einfach das Sinnvollste, was man nachmittags machen

kann. Natürlich gibt es auch viele, die sich eine mehr-
stündige Mittagspause nicht erlauben können, vor allem die Menschen, die im Tourismus beschäftigt sind.
Aber jeder andere, der es irgendwie einrichten kann,
reduziert während der heißen Tageszeit körperliche
und geistige Anstrengung auf ein absolutes Minimum.
Diejenigen, die sich trotz der Hitze abrackern müssen,
können einem nur leidtun.

Im Garten von Señor Gonzalez wurde nur noch früh
morgens und in den Abendstunden gearbeitet. Viel zu
tun gab es ohnehin nicht mehr – weit über die Hälfte
der Beete waren leer und bis Mitte August würde dort
auch nichts Neues gepflanzt werden. Die Tätigkeit in
den noch bewachsenen Beeten beschränkte sich auf
etwas Unkraut jäten, Gießen und gelegentliches Ernten von frischen Tomaten, Paprika und Auberginen.
Die einzige Aufgabe, die neu hinzugekommen war und
dringend erledigt werden musste, war das Errichten
eines Sonnenschutzes für die Erde.

Señor Gonzalez fuhr mit einer Schubkarre voller Stroh
zwischen den Beeten entlang und hielt alle paar Meter
an, um mit einer vierzackigen Dunggabel etwas Stroh
abzuladen. Niklas ging hinter ihm her und verteilte es
um die Pflanzen herum.

»Auf diese Weise verdunstet die Feuchtigkeit nicht
so leicht auf der Bodenoberfläche«, erklärte der alte
Bauer. »Du glaubst nicht, wie viel Wasser damit gespart
wird!«

Als sie alle freien Stellen bedeckt hatten, setzten sie
sich am Eingangstor auf die beiden Klappstühle und
ruhten sich aus. Während sie die untergehende Sonne
beobachteten, dachte Niklas darüber nach, dass er
wohl bald wieder nach Deutschland zurückkehren

würde. Seine Geldreserven neigten sich langsam dem Ende zu und er wollte vermeiden, völlig pleite daheim anzukommen. Ansonsten würde er unnötig unter Druck geraten und müsste womöglich den erstbesten Job annehmen. Außerdem fühlte er, dass es an der Zeit war, einige der Dinge, die er in Andalusien gelernt hatte, in seinem eigenen Alltag umzusetzen. Señor Gonzalez hatte ihm so viele neue Sichtweisen aufs Leben mitgegeben, dass Niklas fürs erste genügend Hausaufgaben zu erledigen hatte.

Es gab nur eine Frage, die bisher unbeantwortet geblieben war. Einige Male hatte er den alten Bauern darauf ansprechen wollen, doch irgendetwas war immer dazwischen gekommen. Er beschloss, es ein letztes Mal zu probieren.

»Was ist eigentlich mit der Liebe?«

Señor Gonzalez reagierte nicht.

»Du hast mir bisher nur gesagt, dass du vor langer Zeit einmal verheiratet warst.«

Einige Minuten hüllte sich der alte Bauer in Schweigen, dann begann er zu erzählen.

»Ich habe meine Frau kennengelernt, als ich einundzwanzig war. Drei Jahre später haben wir uns verlobt und kurz darauf haben wir geheiratet. Vier weitere Jahre hatten wir eine wunderbare Ehe, wir waren glücklich und verliebt und alles war gut. Doch dann hat meine Frau angefangen, von einem Leben in der Stadt zu träumen ...«

Er zögerte.

»Kannst du dir das vorstellen, ich in der Stadt?«

Niklas schmunzelte und schüttelte den Kopf.

»Wir haben uns immer mehr auseinander gelebt«, fuhr Señor Gonzalez fort. »Irgendwann hat sie dann einen anderen Mann kennengelernt, der ihr all die Sachen bot, von denen sie träumte und die ich nicht hatte: eine Wohnung in Madrid, ein großes Auto und teure Urlaube. Bald darauf entschied sie sich, mich zu verlassen. Plötzlich hatte sie ein volles Portemonnaie, schicke Kleidung und freie Wochenenden. Da konnte ich natürlich nicht mehr mithalten. Es folgte die Scheidung und wenig später hat sie den anderen Mann geheiratet und mit ihm Kinder bekommen.«

Der alte Bauer sah Niklas an und zuckte mit den Schultern.

»Das ist meine Geschichte mit der Liebe.«

»Eine traurige Geschichte«, stellte Niklas mitfühlend fest.

Erneutes Schulterzucken.

»Bist du noch sauer auf deine Exfrau?«, wollte Niklas wissen.

»Nein«, antwortete Señor Gonzalez sofort. »Ich war auch nie richtig sauer auf sie. Traurig, dass ich sie verloren habe, das ja. Aber wütend?«

Er ließ seinen Blick am Tor vorbei zu dem großen Eukalyptusbaum wandern.

»Ich glaube nicht, dass sie sich absichtlich geändert hat. Es ist einfach so passiert.«

Er schaute zu Niklas.

»Das ganze Leben befindet sich im ständigen Wandel und man weiß nie, in welche Richtung es weitergeht. In der Natur ist das auch so: Im Garten ist kein einziger Tag genau gleich und es gibt viele Dinge, die sich nicht genau vorhersagen und schon gar nicht kontrollieren lassen. Das Wetter zum Beispiel. Entweder man akzeptiert es so, wie es ist und passt sich an, oder man regt sich auf und kämpft vergebens gegen etwas, das man nicht besiegen kann.«

Die Stimme des alten Bauern wurde leiser und demütiger.

»Im Garten habe ich gelernt, dass es besser ist, nicht immer zu versuchen, alles zu beeinflussen. Die Natur ist unglaublich weise und weiß genau, was zu tun ist. Manchmal braucht sie etwas länger und dann werden wir ungeduldig, aber die Natur selbst kennt keine Ungeduld. Wir sollten ihr vertrauen. Sie geht ihres Weges und sorgt dafür, dass alles im Gleichgewicht ist.«

Die letzten Sonnenstrahlen verschwanden hinter den Bergen.

»Scheitern, Verlassen werden, Trauern, Schmerzen – das alles gehört zum Leben dazu. Doch nichts davon hält ewig an. Irgendwann wendet sich das Blatt und es gibt wieder Freude und Glück.«

Wie recht er doch hatte, dachte Niklas. Ohne Tiefen keine Höhen, ohne Fehler kein Lernen und ohne Ende kein neuer Anfang.

»Und wie war es bei dir und der Liebe? Hat sich das Blatt gewendet?«

Señor Gonzalez hielt einen Moment inne.

»Nein, nicht wirklich«, sagte er schließlich. »Für einen Bauern wie mich ist es nicht einfach, eine passende Frau zu finden. Die wenigen, die ich im Laufe der Jahre kennengelernt habe, waren alle nicht bereit, hier bei mir auf dem Land zu leben.«

Eine Spur von Enttäuschung war in seinen Augen zu erkennen. Er war nicht nur alleine, was die Liebe betraf, sondern auch, was seine Lebensweise anging. Und viel Grund zur Hoffnung gab es leider ebenfalls nicht: Immer weniger Landwirte bewirtschaften ihre Felder wie Señor Gonzalez und immer weniger Frauen verliebten sich in einen Bauern.

Er stieß einen Seufzer aus, nahm seine Kappe ab und fuhr sich durch das lichte Haar. Dann lächelte er gleichmütig.

»*Es lo que hay* – so ist das eben.«

Wenn er doch nur ein Stück von dieser Gelassenheit mitnehmen könnte, wünschte sich Niklas.

Er dachte an die Beziehungen, die er selbst gehabt hatte. Die berühmte Frau fürs Leben war bisher nicht dabei gewesen. Einige Male hatte er gedacht, dass er sie gefunden hatte, doch immer hatte er sich geirrt. Vielleicht gab es sie auch gar nicht. Oder vielleicht war er bisher zu ungeduldig, so, wie die meisten Menschen. Mit der großen Liebe scheint es jedenfalls ähnlich kompliziert zu sein, wie mit dem perfekten Job – ein schöner Traum, aber die Realität lässt einen oft zweifeln, ob er wirklich wahr werden kann. Und dennoch: Aufgeben ist keine Option. Denn was wäre das Leben, wenn wir aufhören würden, zu träumen?

»Vielleicht musst du erst achtzig werden, bevor die passende Frau auftaucht«, gab sich Niklas optimistisch.

»Ja, wer weiß das schon«, lachte der alte Bauer.

Ein warmer Wind wehte über ihre Köpfe und ließ die letzten Geräusche des Tages verstummen. Stille kehrte ein.

»Ich bin gerne alleine«, fügte Señor Gonzalez noch hinzu. »Und ich glaube, es ist auch wichtig, sich in der Einsamkeit wohl fühlen zu können. Aber wenn zwei Menschen sich verlieben, das ist einfach das Schönste, was es gibt. Deswegen ist unser Wunsch nach dieser Liebe auch so groß. Wir sehnen uns nach ihr, weil es in diesem Leben nichts gibt, was uns glücklicher macht.«

Das Neue beginnt

Zwei Wochen später war für Niklas das andalusische Abenteuer vorbei. Zumindest vorerst. Er hatte über drei Monate in Estepona verbracht und hatte seine Entscheidung, eine Auszeit im Süden zu nehmen, in keinem Moment bereut. Jeden Tag hatte er das Meer gesehen, war in ihm geschwommen und hatte sich nachts weit draußen in einem kleinen Holzboot treiben lassen. Er hatte sich am Strand gesonnt und war viele Kilometer die Küste entlang spaziert, hatte Frisbee gespielt und ein Feuerfest gefeiert. Hinzu kam die lustige Wohngemeinschaft, die chaotisch, aber immer unterhaltsam und oft bereichernd gewesen war. Er hatte den stürmischen Levante erlebt, das Dorfleben ein wenig kennengelernt und sogar den Bürgermeister getroffen. Doch all das war kein Vergleich zu der Begegnung mit Señor Gonzalez und den vielen Stunden, die er mit den Händen in der Erde gewühlt hatte. Nie hätte er gedacht, dass ihn die Arbeit im Garten so glücklich machen würde und dass ein alter Bauer ihm so viel übers Leben beibringen konnte.

Gerne wäre er noch länger geblieben, aber aus finanziellen Gründen war es nicht möglich und für sein Wohlbefinden war es auch nicht nötig. Niklas fühlte sich erholt und inspiriert und war bereit, in den Norden zurückzukehren.

Sein Flug ging am späten Nachmittag. Da die drei anderen aus der WG den ganzen Tag arbeiten mussten, verabschiedete sich Niklas von ihnen direkt nach dem Frühstück.

»Es war schön mit euch«, sagte er ein wenig wehmütig, während sie alle an der Tür standen.

»Viel Erfolg bei der Jobsuche«, wünschte ihm Eva und gab ihm statt der zwei obligatorischen Küsse auf die Wange eine herzliche Umarmung. »Melde dich, wenn du noch mal in Budapest sein solltest.«

Als nächstes war Khadim dran.

»*Buen viaje!*«, sagte er. »Gute Reise!«

»Danke! Dir viel Glück mit den verrückten Spaniern!« Beide grinsten, dann umarmten sie sich ebenfalls.

Niklas drehte sich zu Pedro.

»Und dir viel Glück mit dem Senegalesen. Denk dran, es steht bereits eins zu null für Afrika.«

»Ich werde mir Mühe geben«, entgegnete Pedro mit einem Lachen und klopfte seinem deutschen Mitbewohner freundschaftlich auf die Schulter. »Ich hoffe, du kommst uns mal wieder besuchen. Wenn ein Zimmer frei ist, kannst du es jederzeit haben, und das Sofa steht auch immer zur Verfügung.«

Eine weitere Umarmung folgte. Dann spazierten die drei davon und Niklas blieb allein zurück. Es war immer wieder erstaunlich, dachte er, wie schnell man sich an neue Freunde gewöhnte und was für eine Leere Menschen hinterlassen können, die noch vor kurzem Fremde waren. Er schloss die Tür hinter sich und seufzte. Abschiede waren ihm noch nie leicht gefallen. Und dabei stand ihm der schwerste noch bevor.

Um kurz vor elf bog er ein letztes Mal vom Strand auf den kleinen Pfad und ging am ausgetrockneten Fluss entlang. In den Wochen und Monaten seit seiner Ankunft hatte er zugesehen, wie die letzten Wasserstellen langsam verschwunden waren, wie das Schilfgras gewachsen war und wie sich das kräftige Grün der Frühlingslandschaft in ein leuchtendes Sommergelb verwandelt hatte. Auch dieser Weg war eine Art Freund geworden.

Als er im Garten von Señor Gonzalez ankam, verkaufte der alte Bauer gerade einige Tomaten an eine junge Frau. Niklas begrüßte beide, dann stellte er sich neben den Schuppen und wartete, bis die Kundin weg war. Einige Minuten später kam Señor Gonzalez lächelnd auf ihn zu.

»Brauchst du noch etwas Proviant für die Reise?«

»Nein danke«, erwiderte Niklas. »Dieses Mal bist du derjenige, der etwas bekommt.«

Er reichte ihm einen dicken Umschlag.

»Für mich?«, wunderte sich der alte Bauer. »Warum das denn?«

»Ich wollte dir einfach etwas geben, um mich zu bedanken.«

Señor Gonzalez öffnete den Umschlag und zog ein olivgrünes T-Shirt heraus.

»Das ist nett, aber ich habe doch schon ganz viele T-Shirts.«

Niklas sah auf das löchrige Shirt, das der alte Bauer am Leib trug. Die meisten anderen seiner Kleidungsgegenstände sahen ähnlich mitleiderregend aus. Aber das hätte er ihm natürlich nie gesagt.

»Ich dachte einfach, dass es zu dir passt. Guck mal, da steht was drauf.«

Señor Gonzalez breitete das Shirt aus und versuchte, die schwarzen Buchstaben zu verstehen.

»*Don't panic, it's organic*«, las sein Helfer vor. »Das heißt so viel wie: Keine Sorge, ist alles Bio.«

Der alte Bauer begann zu lachen.

»Das mag ich. Danke!«

Niklas hatte lange überlegt, was er ihm für ein Abschiedsgeschenk machen könnte. Da Señor Gonzalez alles hatte, was er brauchte und sich nach keinerlei Luxusgütern sehnte, war das nicht so einfach gewesen. Zuerst hatte Niklas daran gedacht, ihm einen neuen Spaten zu kaufen. An dem anderen blätterte schon der Rost ab. Señor Gonzalez hatte allerdings immer wieder betont, wie gut das alte Werkzeug noch funktioniert. Das einzige, was ihm wirklich fehlte, war eine Frau, doch die gab es natürlich nicht zu kaufen. Irgendwann hatte Niklas dann das T-Shirt mit dem Spruch im Internet gesehen und es bestellt. Nichts Außergewöhnliches, aber es ging ja vor allem um die Geste.

»Hast du noch Zeit für einen Minztee?«, fragte der alte Bauer.

»Für einen Minztee immer.«

Señor Gonzalez ging zum Haus und kehrte wenig später mit zwei Tassen zurück. Eine davon reichte er vorsichtig Niklas und dann setzten sie sich ein letztes Mal gemeinsam auf die zwei Klappstühle am Tor.

»Wie geht es eigentlich deinem Fuß?«, erkundigte sich der alte Bauer.

»Gut. Keine Spur von einer Verbrennung.«

»Ich hab es dir doch gesagt!«, freute sich Señor Gonzalez. »Eine wahrhaftige Wunderpflanze, die Aloe Vera!«

Niklas nickte anerkennend.

Eine lange Weile saßen sie still da und lauschten den Geräuschen der Natur. Ihre Blicke wanderten über die

Beete und Bäume und dabei wurden ihre Gedanken-
ströme immer friedlicher. Viele Stunden hatten sie
so gemeinsam verbracht, schweigend im Garten, mit
einem Tee in der Hand und der Bewunderung für das
Leben im Herzen.

»Hier draußen fühle ich mich frei«, sagte der alte Bauer
mit sanfter Stimme. »Hier kann ich mich ungehindert
bewegen, ohne Zwang und ohne Widerstand, kann
mich einfach von Moment zu Moment im Rhythmus
der Natur treiben lassen. Mit den Füßen auf der Erde,
umgeben von herrlichen Pflanzen und frischer Luft
zum Atmen.« Er hielt einen Augenblick inne. »Vielleicht ist es das einzige Gefühl, das mit der Liebe mithalten kann. Das Gefühl von Freiheit und gleichzeiti-
ger Verbundenheit mit allem.«

Niklas wollte etwas sagen, doch wie so oft ließ ihn die
tiefe Weisheit des alten Bauern verstummen. Vielleicht
waren es auch gar nicht die Worte von Señor Gonzalez
selbst, die ihn so sehr berührten, sondern die Botschaften des Gartens, die durch ihn übermittelt wurden.

Eine der wichtigsten dieser Botschaften war die Demut. Viel zu oft fühlen sich die Menschen der Natur
überlegen, doch in Wahrheit ist es genau anders herum. Jeder Mensch ist nur eine winzige Zelle in dem
gigantischen Organismus, den wir Leben nennen. Wir
sprühen vor Arroganz und denken, dass wir Großes
vollbringen, wenn die Pflanzen in unserem Garten gedeihen und wir süße Früchte ernten, dabei spielen wir
nur eine klitzekleine Rolle in diesem Wunder. Nein,
das wahre Lob gebührt nicht dem Einzelnen, sondern
dem Ganzen.

Akzeptanz und Vertrauen sind weitere Botschaften,
die wichtig sind, aber sie brauchen die Demut als

Basis. Ohne die überwältigende Kraft der Natur zu verstehen, ist es nicht möglich, zu akzeptieren, was ist, und darauf zu vertrauen, was sein wird. Und nur mit Vertrauen und Akzeptanz wird Raum geschaffen für Gelassenheit. Für Hoffnung und Vergebung. Für Frieden.

All diese Dinge fanden Ausdruck in diesem Menschen, in Señor Gonzalez. Genau deswegen war der alte Bauer auch die Art von Vorbild, die Niklas gesucht hatte. Jemand, der ihn inspiriert, nicht, indem er sagt, was zu tun ist, sondern indem er ihm anhand des eigenen Lebens zeigt, wie diese Weisheiten angewendet werden.

»Wenn du mir nur einen Rat mitgeben könntest«, wollte Niklas wissen, »welcher wäre das?«

Señor Gonzalez dachte einen Moment nach.

»Ich glaube, das hilfreichste im Leben ist ein offener Geist. Stets mit Freude zu lernen und dem Unbekannten mit Neugierde zu begegnen, anstatt mit Angst. Denn Angst ist der größte Feind des Glücks. Und darum geht es doch, oder? Glücklich zu sein.«

Niklas trank seinen Tee aus und stand auf. Das war der perfekte Schlusssatz.

»Danke für alles!«, sagte er und umarmte den alten Bauern.

»Danke dir für deine Hilfe«, entgegnete Señor Gonzalez. Sie ließen voneinander los und schauten sich in die Augen. Niklas spürte Tränen aufsteigen und wusste nicht so wirklich, warum er sie zurückhielt. Nach einer Weile drehte er sich schweigend um und ging in Richtung Tor.

»Weißt du was?«, sagte der alte Bauer, als Niklas schon einige Meter weg war.

»Was?«

»Ein offener Geist ist zwar wichtig, um glücklich zu sein, aber es gibt etwas anderes, das noch viel wichtiger ist.«

»Und das wäre?«

Señor Gonzalez nahm einen langen Atemzug. Dann lächelte er sein wundervolles Lächeln.

»Dankbarkeit.«

Eine Stunde später stieg Niklas in den Bus zum Flughafen. Er hatte Sorge, ihn verpasst zu haben, als er völlig außer Atem eine Minute nach planmäßiger Abfahrt am Busbahnhof angekommen war. Auch nach dreieinhalb Monaten im Süden hatte er bestimmte deutsche Vorstellungen noch nicht abgelegt und hatte wieder einmal vergessen, dass die Dinge in Andalusien anders abliefen.

Mit fünfzehnminütiger Verspätung setzte sich der Bus langsam in Bewegung. Niklas saß auf einem Fensterplatz und starrte hinaus. Als sie auf die Autobahn bogen, sah er in einiger Entfernung das Leuchtschild vom großen Supermarkt. Sofort musste er an den Lastwagenfahrer-Streik denken, an die leeren Regale und die lange Warteschlange am Tor des Gartens. Es war eine Erfahrung gewesen, die ihn sehr ins Grübeln gebracht hatte. Wie zerbrechlich doch unser ganzes System ist und wie schnell alles auseinanderfallen kann. Und vor allem: Wie dringend wir etwas ändern müssen, damit solche Krisen nicht zur Regel werden.

Alle Welt schimpft immer auf die Politiker, die inkompetent und korrupt seien, auf die gierigen Banker oder die machthungrigen Eliten. Für jede Krise gibt es einen Schuldigen. Doch wen trifft wirklich die Schuld, wenn die kleinen, regionalen Landwirtschaftsbetriebe, die so wichtig für die Resilienz sind, nach und nach aussterben? Wer entscheidet, im Supermarkt einzukaufen, statt im Bioladen oder direkt bei Señor Gonzalez?

Einige Wochen zuvor hatte Niklas mit Pedro genau darüber diskutiert, dass die Verantwortung bei jedem Einzelnen liege. Anfangs hatte Niklas noch widersprochen. »Was ist mit einer arbeitslosen, alleinerziehenden Mutter von drei Kindern? Der kannst du doch nicht sagen, sie soll im Bioladen einkaufen gehen.« Pedro hatte dieses Argument aber sogleich entschärft. »Mag sein«, hatte er gesagt, »aber bist du etwa eine arbeitslose, alleinerziehende Mutter?« Nein, das war er natürlich nicht. Und die große Mehrheit der Menschen ist es auch nicht. Die meisten können frei wählen, wo und was sie einkaufen. Es ist schlicht und einfach eine Frage der Priorität. Folglich liegt die Verantwortung für zukünftige Krisen sehr wohl bei jedem Einzelnen, denn mit jedem Cent, den man ausgibt, gestaltet man die Welt, in der man leben möchte.

Der Bus ratterte über die Autobahn, vorbei an den Bergen und Hügeln des andalusischen Hinterlandes. Niklas sah einige freistehende Häuser und erkannte auch den ein oder anderen Gemüsegarten. Ein leiser Seufzer verließ seine Lippen – er vermisste ihn jetzt schon, den Garten.

Während er weiter aus dem Fenster starrte, dachte er darüber nach, wie sehr sich sein Bewusstsein durch die Arbeit mit den Pflanzen verändert hatte. Früher hatte er sich beschwert, wenn er die Preise für Biogemüse gesehen hatte. ›Ein Brokkoli für zwei Euro? Wucher!‹ Mittlerweile hatte er aber selbst gesehen, was alles nötig ist, um Gemüse ohne Pestizide und künstlichen Dünger anzubauen, und dadurch war seine Einstellung eine völlig andere geworden. All die Zeit und Liebe, die in eine gesunde und glückliche Pflanze floss, war mit Geld eigentlich gar nicht zu bezahlen. Doch wenn man alles immer nur verpackt im Regal stehen sieht, vergisst man leicht, dass das Essen nicht aus dem Supermarkt, sondern vom Land kommt. Vielleicht war also das Gärtnern – auf dem Feld, hinterm Haus oder auf dem Balkon – eine mögliche Antwort auf die Probleme dieser Welt. Es war eine Möglichkeit, wieder in engen Kontakt zu treten mit dem, was wichtig ist. Mit unserem Essen, mit der Erde und mit dem eigenen inneren Frieden. Denn was hatte der alte Bauer gesagt? Ohne eine direkte Verbindung zur Natur, da wird man doch verrückt! Und wenn alle irgendwann verrückt und krank sind, wie soll es dann noch eine gesunde und lebenswerte Welt geben?

Wer weiß, dachte Niklas, vielleicht würde der Menschheit eine Gartenrevolution gut tun. Alle mit den Händen im Dreck, um den Wahnsinn auszutreiben und sich kollektiv zu erden. Neue Ideale und Werte schaffen. Nicht mehr sinnloser Konsum, brutaler Wettbewerb und grenzenloses Wachstum, sondern Bescheidenheit, Kooperation und Nachhaltigkeit. Statt Begeisterung für das neueste Telefon könnten wir Begeisterung für ein einfaches Leben kultivieren. Wir könnten mehr teilen und die festgefahrene Vorstellung loslassen, dass Glück und Zufriedenheit nur mit viel Geld erkauft und mit komplizierten Theorien verstanden werden können. Großzügigkeit statt Gier, Austausch statt Krieg, Vielfalt statt Monokultur. Im Einklang mit der Natur leben, zusammen mit unseren Handys und

Autos, aber vor allem mit Herz und Verstand. Alles eine Utopie, sicherlich, doch wie soll es sonst besser werden? Wie wird es sonst enden?

Die Straße näherte sich wieder der Küste und schon bald fuhren sie parallel zum dunkelblauen Wasser. Was für ein Privileg es doch gewesen war, sagte sich Niklas, für einige Zeit am Meer zu leben. In wenigen Stunden würde er wieder in Deutschland sein, zurück in der Großstadt und weit weg vom Strand und dem Land von Señor Gonzalez.

Er begann, über seine Zukunft nachzudenken und stellte sich die Frage, die in letzter Zeit immer häufiger aufgetaucht war: ›Wie will ich leben?‹

Zum einen war da seine neu gewonnene Leidenschaft für die Gartenarbeit. Niklas hatte sich fest vorgenommen, in der Heimat eine Möglichkeit zu suchen, um regelmäßig in der Erde wühlen zu können. Mit etwas Glück würde er vielleicht eine freie Parzelle in einem Schrebergarten finden, oder womöglich existierte in seiner Nähe irgendein anderes Gartenprojekt, an dem er sich beteiligen konnte. Zur Not gab es auch noch seinen kleinen Balkon. Die Größe war letzten Endes egal – Hauptsache, er konnte weiterhin etwas Gemüse anbauen und einmal am Tag bei einem Pfefferminztee den Pflanzen beim Wachsen zusehen.

Was den Alltag betraf, so wollte er sein Leben an vielen Stellen vereinfachen. Als erstes stand ein Flohmarktbesuch auf dem Programm, um seinen Haushalt zu entrümpeln. Klamotten, Schuhe, Bücher, Küchengeräte und, und, und – von allem hatte er viel mehr, als er wirklich brauchte. Und die Tage seines großen Flachbildfernsehers waren ebenfalls gezählt.

Er wollte weniger konsumieren und wenn, dann bewusster. Biolebensmittel gehörten dazu und auch andere Dinge, die er täglich benutzte, wie Kleidung und Hygieneartikel. Wenn es eine Wahl zwischen natürlich und industriell gab, zwischen nachhaltig und verschwenderisch, dann wollte er anfangen, klügere Entscheidungen zu treffen. Es würde nicht nur gesünder für ihn selbst sein, sondern auch für diejenigen, die all diese Produkte herstellen. Und für die Umwelt sowieso.

Blieb die Frage, wie es für ihn beruflich weitergehen sollte. Zu versuchen, in das herkömmliche Bankensystem zurückzukehren, kam für ihn nicht in Frage. Er wollte nicht weiterhin dafür mitverantwortlich sein, dass große Firmen und Konzerne Millionen bekommen, um noch mehr Waffen und Gift zu produzieren. Pedro hatte ihm allerdings von ethischen Banken erzählt, die nur in ökologische und nachhaltige Projekte investieren. Niklas hatte bereits einige in Deutschland ausfindig gemacht und überlegte, sich dort zu bewerben. Wenn er als Bankangestellter etwas dazu beisteuern könnte, dass mehr Landwirte wie Señor Gonzalez überleben können, dann wäre es genau die Art von sinnvoller Arbeit, die er sich an San Juan gewünscht hatte.

Niklas dachte an den Auslöser für den Wandel, den er durchlebte. ›Wir brauchen Sie nicht mehr‹, hatte sein Chef gesagt. Knapp vier Monate später war er nun fast dankbar für diese Worte, denn ohne die Kündigung hätte er womöglich nie diese Auszeit gewagt, nie Señor Gonzalez kennengelernt. Und es war der alte Bauer, durch den sich für ihn alles geändert hat.

Wenig später erreichte der Bus den Flughafen. Niklas stieg aus, holte seinen großen Koffer und ging zum

Eingang. Kurz bevor er das Terminalgebäude betrat, blieb er noch einmal stehen und blickte in Richtung Estepona. Dort drüben, keine neunzig Kilometer entfernt, saß ein fast achtzigjähriger Mann in einem alten Klappstuhl und blickte zufrieden auf seinen Garten.

»Danke!«, flüsterte Niklas und hoffte, dass der Wind diese letzte Botschaft zu Señor Gonzalez tragen würde. Nun lag es an ihm selbst, all die wunderbaren Weisheiten und guten Vorsätze in die Tat umzusetzen. Denn von einer besseren Zukunft zu träumen ist nur der erste Schritt – der wichtigste ist, sie zu erschaffen. Den Samen einer neuen Zeit zu pflanzen und ihn fortlaufend zu gießen und zu pflegen. Neue Wege zu betreten und mutig nach vorne zu gehen, ohne Angst und ohne Zögern. Mit Dreck an den Händen und Liebe im Herzen.

Lesen Sie weiter >>

LESEPROBE

Aus der Hektik der Großstadt in die Ruhe der Berge: Die persönliche Geschichte von Bestsellerautor Paolo Cognetti

Paolo Cognetti braucht eine Auszeit vom hektischen Leben in Mailand und mietet eine Hütte in den Bergen – nicht weit von dort, wo er als Kind die Sommer verbracht hat. Das Leben auf 2.000 Meter Höhe bringt die einfachen Dinge zurück: Holz hacken, Feuer machen, einen Garten anlegen. Endlich hat er Zeit zu lesen, spricht mit den Tieren, hört seltsame Geräusche in der Nacht. Wochenlang trifft er keine Menschenseele – bis aus dem Nebel doch eine Gestalt auftaucht.

»Mein Jahr in den Bergen« ist 2017 unter dem Titel »Fontane Numero 1« im Rotpunktverlag erschienen.

»Eine wunderschöne Erzählung von der wohltuenden und gleichzeitig fast schmerzhaften Einsamkeit.« *Brigitte*

Winter

Vor ein paar Jahren erlebte ich einen schwierigen Winter. Die Gründe dafür sind jetzt nicht wichtig. Ich war dreißig und fühlte mich kraftlos, verloren und niedergeschlagen, wie wenn ein Unternehmen, an das man geglaubt hat, kläglich gescheitert ist: eine Arbeit, eine Beziehung, ein gemeinschaftliches Projekt, ein Buch, das mich Jahre der Mühe gekostet hatte. Mir eine Zukunft vorzustellen, kam mir in diesem Moment ungefähr so abwegig vor wie eine Reise anzutreten, wenn man Fieber hat, es draußen regnet und dazu der Tank leer ist. Ich hatte alles gegeben, wo blieb nun mein Lohn? Die Tage verbrachte ich in Buchläden, Eisenwarenhandlungen, in der Osteria bei mir gegenüber und im Bett, wo ich durch das Dachfenster den weißen Himmel von Mailand betrachtete. Vor allem aber schrieb ich nicht, und das ist für mich, als würde ich nicht schlafen oder essen: Eine solche Leere hatte ich noch nie erlebt.

Das Lesen von Romanen war mir in diesen Monaten zuwider, dafür faszinierten mich die Geschichten von

Menschen, die aus Weltverdrossenheit in der Natur Einsamkeit gesucht hatten. Ich las *Walden* von Thoreau, *Mein erster Sommer in der Sierra* von John Muir, *Geschichte eines Berges* von Elisée Reclus. Diese Schriftsteller waren jung wie ich gewesen, als sie von der Zivilisation Abschied genommen hatten, um sich in die Wälder zurückzuziehen. Besonders beeindruckt war ich von Chris McCandless' Reise, die Jon Krakauer in seinem Buch *In die Wildnis* erzählt. Vielleicht weil Chris kein Philosoph des 19. Jahrhunderts war, sondern ein junger Mann meiner Zeit, der mit zweiundzwanzig Stadt und Familie, dem Studium und den nach westlichen Maßstäben brillanten Zukunftsaussichten den Rücken gekehrt und sich auf einen einsamen Streifzug begeben hatte, der letztlich in Alaska mit dem Hungertod endete. Als seine Geschichte bekannt wurde, verurteilten viele seine Entscheidung als allzu idealistisch, sprachen von Realitätsflucht oder gar Selbstzerstörungstrieb. Ich fühlte, dass ich ihn verstand und eigentlich bewunderte. Chris hatte keine Zeit mehr gehabt, ein Buch zu schreiben, falls das je seine Absicht gewesen war, so oder so werden wir seine wahren Gedanken nie erfahren. Aber er liebte Thoreau und hatte sich sein Manifest auf die Fahnen geschrieben: »Ich zog in den Wald, weil ich den Wunsch hatte, mit Überlegung zu leben, dem eigentlichen, wirklichen Leben näherzutreten, zu sehen, ob ich nicht lernen konnte, was es zu lehren hatte, damit ich nicht, wenn es zum Sterben ginge, einsehen müsste, dass ich nicht gelebt hatte. Ich wollte nicht *das* leben, was nicht Leben war; das Leben ist so kostbar. Auch wollte ich keine Entsagung üben, außer es wurde unumgänglich notwendig. Ich wollte tief leben, alles Mark des Lebens aussaugen, so hart und spartanisch leben, dass alles, was nicht Leben war, in die Flucht geschlagen wurde. Ich wollte einen breiten Schwaden dicht am Boden mähen, das Leben in die Enge treiben und auf seine einfachste Formel reduzieren; und wenn es sich als gemein erwiese, dann wollte ich seiner ganzen unverfälschten Niedrigkeit auf den Grund kommen und sie der Welt verkünden.«

Ich war seit zehn Jahren nicht mehr in den Bergen gewesen. Davor hatte ich zwanzig Sommer dort verbracht. Für mich Stadtkind, aufgewachsen in einer Wohnung in einem Viertel, in dem es nicht möglich war, mal eben raus in den Hof oder auf die Straße zu gehen, waren die Berge der Inbegriff von Freiheit. Ich hatte gelernt, mich, anfänglich etwas unbeholfen und später mit großer Selbstverständlichkeit, im Gebirge zu bewegen, so wie andere Kinder das Schwimmen lernen, wenn ein Erwachsener sie ins Wasser wirft. Mit acht hatte ich angefangen, Gletschertouren zu machen, mit neun im Fels zu klettern, und mit sechzehn zog ich alleine los und fühlte mich auf den Gebirgspfaden deutlich wohler als auf den Straßen meiner Heimatstadt. Zehn Monate im

Jahr steckte ich in adretten Kleidern und einem autoritären System von Regeln, die es zu befolgen galt. In den Bergen löste ich mich von all dem und ließ meiner Natur freien Lauf. Es war eine andere Freiheit als jene, zu reisen und Menschen kennenzulernen, oder nächtelang zu trinken, singen und mit Mädchen herumzuflirten, oder Gefährten zu finden, mit denen man zu großen Abenteuern aufbrechen will. All diese Freiheiten schätze ich, und mit zwanzig war es mir auch wichtig, sie gründlich auszukosten, aber mit dreißig hatte ich fast vergessen, wie es sich anfühlt, allein im Wald zu sein oder nackt in einen Fluss einzutauchen oder ganz oben über einen Grat zu laufen, über dem es nur noch den Himmel gibt. Diese Dinge hatte ich früher getan, und meine Erinnerungen daran gehören zu den glücklichsten. Ich empfand den jungen urbanen Mann, zu dem ich geworden war, als das genaue Gegenteil dieses wilden Burschen, und so entstand in mir der Wunsch, diesen wieder aufzuspüren. Es war weniger das Bedürfnis wegzugehen als zurückzukehren. Nicht eine unbekannte Seite von mir zu entdecken, sondern in mir etwas Ursprüngliches wiederzufinden, das mir, wie ich fühlte, abhandengekommen war.

Ich hatte ein wenig Geld gespart, genug, um ein paar Monate ohne Arbeit über die Runden zu kommen. Nun suchte ich nach einem möglichst hoch gelegenen Haus fernab besiedelter Gebiete. Weite Wildnis gibt es in den Alpen nicht, aber für das, was mir vorschwebte, brauchte es kein Alaska. Im Frühling fand ich das Passende, in einem Tal nicht weit von jenem, das ich aus meiner Kindheit kannte: eine Hütte aus Holz und Stein auf zweitausend Metern Höhe, wo die letzten Nadelwälder den Sommerweiden weichen. Den Ort selbst kannte ich nicht, aber die Landschaft war mir vertraut, weil ich als Teenager die andere Seite der Berge durchstreift hatte. Die Hütte war etwa zehn Kilometer von der nächsten Ortschaft und wenige Minuten von einem Dorf entfernt, das sich sommers und winters bevölkerte, aber am dreißigsten April, als ich ankam, war niemand da. Die Wiesen waren noch im Winterschlaf, in den Braun- und Ockertönen der Schneeschmelze. Gipfel und schattige Täler waren schneebedeckt. Ich ließ das Auto am Ende der asphaltierten Straße stehen. Mit geschultertem Rucksack stieg ich auf dem Saumpfad durch einen Wald und dann über eine verschneite Weide hoch, bis ich zu einer Gruppe von Häusern kam, die bis auf eines – das renovierte, das ich gemietet hatte – alle eingestürzt waren. Vor der Haustür blickte ich mich um: nichts als Wald, Viehweiden und verlassene Ruinen. Am Horizont die Berge, die das Aostatal im Süden Richtung Gran Paradiso abschließen. Ein Brunnen aus einem ausgehöhlten Baumstamm, die Überreste einer Trockenmauer, ein gurgelnder Wildbach. Das würde nun für einige Zeit meine Welt sein, für wie lange, hatte ich noch nicht festgelegt, weil ich nicht wusste, was sie mir bereithalten würde. An diesem Tag war der Himmel dumpfgrau, es war ein frostiger, lichtloser Morgen. Ich hatte nicht die Absicht, mich zu quälen: Falls mich hier oben Gutes erwartete, wollte ich bleiben, möglich war aber auch, dass mich eine noch tiefere Verzweiflung befallen würde, und dann wollte ich fliehen. Ich hatte Bücher und Notizhefte im Gepäck. Meine Hoffnung war, dass ich irgendwann wieder zu schreiben anfangen würde. Aber jetzt war mir kalt, ich musste einen dicken Pullover anziehen und ein Feuer anzünden, und so stieß ich die Tür auf und betrat mein neues Zuhause.

Häuser

Wenn man im Frühling eine Hütte zum ersten Mal wieder betritt, hat das etwas Rührendes. Ich riss die Türen der Zimmer auf, die monatelang geschlossen gewesen waren, mit dem Frost als einzigem Gast, die Dachluken vom Schnee verdunkelt. Mit dem Finger fuhr ich über den Tisch, den Stuhl, das Wandbord, überall Staub, im Kamin vergessene Asche. Ob die Häuser fühlen, wie die Zeit vergeht? Oder ist ein Winter für sie wie ein einziger Augenblick? Ich dachte an jenen Tag vor zehn Jahren zurück, als ich zum letzten Mal durch eine andere Tür hinausgegangen war, nachdem ich alles noch einmal lange angesehen hatte. Den Eindruck einer Rückkehr verdankte ich jetzt nicht der Sehkraft, sondern dem Geruchssinn, es war der Duft nach Holz und Harz, der mir das beruhigende Gefühl gab, wieder zu Hause zu sein. Ich fragte das Haus: War der Winter sehr hart? Und stellte mir vor, wie es in Januarnächten, wenn die Temperatur auf unter zwanzig Grad sinkt, gestöhnt und geknarrt haben mochte und wie es später die fahle Märzsonne genoss, die warmen Mauern, den von den Dachrinnen tropfenden Schnee. Falls es die Bestimmung eines Hauses ist, bewohnt zu werden, empfand es auf seine Art vielleicht Glück, dass nun wieder ein Mensch mit seinem Holz hin und her ging, im Kamin und im Ofen Feuer machte, sich in der Küche die Hände wusch. Hinter den Wänden zirkulierten wieder kaltes, felsiges Wasser und Feuer, wie Saft in einem Baum und Blut in einem Körper.

In der Erzählung *Meine vier Häuser,* die ich sehr mag, blickt Mario Rigoni Stern anhand der Häuser, die er bewohnte, auf die verschiedenen Phasen seines Lebens zurück. Nicht alle dieser Häuser waren real: Man bewohnt ein Haus auch, indem man es sich ausdenkt oder aus den Erinnerungen anderer ausleiht. Das erste war ein verloren gegangenes Haus, nämlich der historische Familiensitz der Sterns, nach vierhundert Jahren dem Ersten Weltkrieg zum Opfer gefallen. Der 1922 geborene Mario kannte das Haus dank der Erzählungen der Alten, hatte es aber nie mit eigenen Augen gesehen. Er bedauerte, nicht dort aufgewachsen zu sein: Es war das Bindeglied zwischen seiner Familie und dem heimatlichen Grund, stand für das Gefühl von Vaterland, das für die Bewohner der Berge nicht mit einer Nation identisch ist, sondern mit einer Sprache einhergeht, mit den Bezeichnungen für Dinge und Orte, dem Jahresablauf der Verrichtungen, der guten Art, etwas zu tun.

Das zweite Haus, das seiner Kindheit, war real und voller geheimer Winkel, wie es die Häuser sind, in denen wir Kind waren, mit Geschichten in der Küche und einem zum Rückzugsort und Land der Abenteuer erwählten Dachboden.

Das dritte war ein imaginäres Haus: 1945 in einem Konzentrationslager interniert, hatte Mario ein Blatt Papier und einen Bleistift gefunden und lange Hungertage damit verbracht, eine Hütte zu entwerfen. Er stellte sie sich auf einer Lichtung im Gebirge vor, wo er von Jagd, Büchern und Einsamkeit leben würde, um vom Krieg zu genesen – wie Hemingways Nick Adams in *Großer doppelherziger Strom*. Die Zeichnung bewahrte ihn lange Zeit davor, zu verzweifeln.

Das vierte schließlich war ein Haus mit Gemüsegarten und Holzschuppen – vor den Fenstern Wald, Bienenstöcke, von Rehen besuchte Wiesen –, das er wirklich baute und in dem er fünfzig Jahre lebte, »zusammen mit meiner Frau, meinen Büchern, meinen Gemälden, meinem Wein, meinen Erinnerungen«.

Vermutlich fühlt man einen großen Frieden in sich, wenn man in einem selbst erbauten Haus wohnt. Meine Hütte war vor etwa zweihundert Jahren von Hirten als Alpunterkunft für Vieh und Mensch errichtet worden. Es gab nur zwei Zimmer: Unten, wo einmal der Stall gewesen war, hatte ich jetzt mein Schlafzimmer mit Schrank, Kommode, Ofen. Oben waren die Küche, der Kamin, das

Sofa, ein Tisch mit zwei Sitzbänken und einem Stuhl. Ich fuhr mit den Fingern über die Steinmauern, die seit ihrer Erbauung unverändert geblieben waren – wie viele Hände, wie viel Holzrauch, tierische Atemluft, Dampf von Polenta und Milch waren wohl schon darübergestrichen? Hier und da steckte zwischen zwei Steinen ein dicker Nagel oder ein angekohltes Holzstöckchen. Was hatte man da aufgehängt, wer hatte sie in die Wand geschoben? Das Haus war voller Gespenster, aber sie machten mir keine Angst: Mir war fast, als würde ich mit all diesen früheren Bewohnern zusammenleben, sie durch diese Räume und Dinge kennenlernen.

Das Haus, in dem ich die Sommer der Kindheit verbrachte, war 1855 als Hotel erbaut worden, aber zu meiner Zeit bereits baufällig. Ich hatte ein paar Ansichtskarten aus seinen goldenen Jahren gefunden. Es stand außerhalb des Dorfs, am Ende einer Allee aus Jahrhundertbuchen, die auf den Fotos noch frisch gepflanzte Sträucher waren. Die Piemonteser Bourgeoisie orientierte sich am angelsächsischen Mythos. Auf den Wiesen, über die ich rannte, hatten hundert Jahre früher Gentlemen Krocket gespielt, während die Damen mit ihren kleinen Sonnenschirmen lustwandelten. Ein Schild auf dem abblätternden Verputz der Fassade erinnerte an einen Aufenthalt der Königin Margarethe von Savoyen. Die Autowerkstatt war einst ein Ballsaal gewesen und ihr überwuchertes Dach eine Terrasse, auf der man den Nachmittagstee servierte. Das Hotel war bis in die Dreißigerjahre in Betrieb gewesen, aber im Krieg hatten es die Deutschen geplündert und danach verkauft, und fünfzig Jahre später sah es aus wie ein baufälliges Schloss mit glorreicher Vergangenheit. Es gehörte zwei alten Schwestern, die dort Unterkünfte eingerichtet hatten und mit der Sommervermietung etwas Geld verdienten, während es in den anderen Monaten geschlossen war. Da es weder instand gehalten noch geheizt wurde, kamen jeden Winter neue Schäden dazu. 1986 versetzte ein Aprilschnee dem Haus den Gnadenstoß: Eine Lawine riss einen Teil des Gebäudes mit sich, und ein ganzer Flügel wurde als einsturzgefährdet deklariert. Im folgenden Sommer bildeten sich in den noch stehenden Mauern große Risse, und mit den Jahren wucherten Brennnesseln auf den Trümmern, die nie jemand weggeräumt hatte. Aber lebhafter als die Ruine ist mir meine Verblüffung über den Schnee in Erinnerung geblieben, den ich Anfang Juli vorfand, kalt und hart, sodass wir noch wunderbar darauf rodeln konnten. Dieser Sommer blieb für immer als der *Sommer der Lawine* in Erinnerung.

Wenn ich aus der Stadt anreiste, hatte ich das Gefühl, in eine andere Zeit einzutauchen. In die Zeit, als die Spülbecken in den Küchen aus Steingut waren und die Wannen und Waschschüsseln in den Badezimmern aus Emaille. An der Zimmerdecke der Mansarde, in der ich schlief, waren zwei Frauennamen eingeritzt: Angela und Maddalena. Ich wusste, dass zu Zeiten des Hotels Bedienstete in diesen Zimmern gewohnt hatten, und so fragte ich mich immer, ob Angela und Maddalena zwei Kammermädchen im Dienst irgendeiner Hofdame gewesen waren oder ob sie einfach nur ein wenig älter als ich und ein paar Jahre vor mir da gewesen waren. Ob Häuser eine Seele haben, weiß ich nicht, aber was mich betrifft, habe ich einen Teil der meinen in dem Haus gelassen: Ab 1979 verbrachte ich etwa zwanzig Sommer dort, zwei Monate im Jahr. Mit dem Ende des 20. Jahrhunderts kam auch das Ende des alten Hotels. Es wurde verkauft, abgerissen, und an seiner Stelle entstand ein Mehrfamilienhaus. So sind von diesem Ort »nur noch meine Worte geblieben«, wie Mario Rigoni Stern es ausdrückt.

Die Schneeflecken auf der Weide gegenüber erinnerten mich an den Sommer der Lawine. Obwohl sie im Schutz des Waldschattens lagen, schmolzen sie jeden Tag ein wenig mehr. Über die schwarze, feuchte Erde, über Gras, das wie verbrannt aussah, flossen Bächlein die Wiese hinunter. An den Schneerändern pickten Vögel mit weißem Bauch und dunklem Rücken. Ich hatte mir ein Bestimmungsbuch besorgt und war fast sicher, dass es sich um Schneefinken handelte: »Suchen in von Schmelzwasser durchtränkter Erde nach Insektenlarven«, stand da, »und nisten in Felshöhlen oder an Hüttenmauern«. Tatsächlich hatte ein Paar sein Nest direkt über dem Firstbalken meiner Hütte gebaut, in dem geschützten, dunklen Winkel zwischen Balken und Dach. Sie flogen zwischen der Wiese und dem Nest hin und her und leisteten mir beim Mittagessen am Tisch vor dem Fenster Gesellschaft.

Jeden Nachmittag kam dichter Nebel auf: Ich sah, wie er über Wiesen und Wälder aus dem Tal hochstieg, um schließlich alles einzuhüllen. In diesem weißen Mantel blieb ich, bis es dunkel wurde. Abends weder Mond noch Sterne, dafür setzte Schneeregen ein, wenn ich zu Bett ging.

Das Einschlafen fiel mir schwer. Ich war die Höhe nicht gewohnt, mein Herz pochte, und mir war, als schlüge eine Trommel in meiner Brust. Geräusche sind anders als Gerüche, es dauert lange, bis sie einen in den Schlaf wiegen, bis man nicht mehr bei jedem neuen Laut aufschreckt. Und so starrte ich nachts mit aufgerissenen Augen an die Zimmerdecke und dachte: Das ist die Glut im Kamin. Das ist der Motor des alten Kühlschranks, der sich in Gang setzt. Das ist der Regen auf dem Steindach. Und was sind das draußen für Schritte, um drei Uhr früh? Sie umkreisten das Haus, zögerten vor der Tür, und in der Stadt hätte man sofort an einen Dieb gedacht. Im Gebirge musste ich meine rationalen Kräfte aktivieren und mir sagen, dass es sich bei diesem Besucher nur um ein Wildtier auf Nahrungssuche handeln konnte. Es nützte wenig: Ich brachte für den Rest der Nacht kein Auge zu, und im ersten Morgenlicht gab ich auf und stellte Kaffee auf die Flamme.